Eugen Drewermann

Worte für ein unentdecktes Land

Eugen Drewermann

Worte für ein unentdecktes Land

Herausgegeben und eingeleitet
von Karin Walter

Herder
Freiburg · Basel · Wien

Umschlagbild:
Edvard Munch, Sommernacht am Strand (1902)

Dritte Auflage 1992

Herstellung: Clausen & Bosse, Leck 1990
ISBN: 3-451-22065-2

Inhalt

Einleitung

Wovon leben die Menschen? Woher rührt seelische Not? Wie kann innere Zerrissenheit wieder heil werden? Welchen Weg sollen wir einschlagen? Eugen Drewermann hat keine Angst vor diesen einfachen und zugleich schwierigen Fragen, er hält sie für die wesentlichen. Sie sind nicht abstrakt, im Leben jedes Einzelnen sind sie bestimmend. Die Frage nach Sinn, die Sehnsucht nach Freude bricht oft ganz unvermittelt ein in den Alltag, durch alle äußere Umpanzerung hindurch.

Von dieser seelischen Erfahrung, die in einer Zeit, in der nahezu alles machbar und lösbar erscheint, umso schmerzhafter aufbricht, geht Eugen Drewermann aus, als Psychotherapeut und Theologe. Er sieht die Leidensgeschichten von Menschen, von einzelnen und konkreten Menschen und sucht nach den Wegen, die hinausführen aus der Engführung der Ängste. Drewermann ist davon überzeugt: es gibt Hinweise auf diese Wege ins Freie in jedem Leben.

In seinem umfassenden Werk erschließt er solche Spuren immer wieder in den Traditionen menschheitlicher Weisheit: in der verdichteten Wahrheit von Bildern und Symbolen.

Wenn Drewermann diese Bilder analysiert und ihre vergessene Sprache zu entschlüsseln sucht, tut er es auch in therapeutischer Absicht. Er beschwört eine Zauberwelt der Zuversicht, gleichsam eine Alchemie der seelischen Kräfte, die die Gesetze der Angst aufzulösen vermag. Denn er ist davon überzeugt, daß wirkliche Möglichkeiten der Heilung bereitliegen, wenn man solche Verheißungen nur wahrnimmt. Er greift zurück auf die »einfachen« Wahrheiten der Träumer und Kinder, der Dichter und Schamanen, auf die Botschaft der Mythen, Visionen und Legenden der Religionen. Antworten auf die uralt- menschlichen Fragen sucht er in den intuitiven Einsichten der Bilder. Er träumt diese Bilder weiter in die Gegenwart, und er zeigt, nicht selten selbst in poetischer Sprache, wie Symbole unsere eigene Geschichte in einem neuen Licht erscheinen lassen können. In all den Bildern macht Drewermann eine positive Wahrheit aus: Es gibt dieses Land des Vertrauens, der Geborgenheit, der Freude und der Liebe. Die Wege dahin sieht er markiert durch die Bilder der Umkehr und der Wandlung, der Reifung und der Heilung. Als Tiefenpsychologe will er diese Wahrheit in die heutige Existenz hineinbringen: als etwas, was die Fragen, Hoffnungen und Sehnsüchte heutiger Menschen unmittelbar angeht. Als Theologe ist er davon überzeugt: Wer sich auf die Suche nach diesem Land macht, ist auch auf der Suche nach Gott. Wer sich selbst findet, findet auch ihn, »die Weite unseres Herzens und die Unendlichkeit unseres Denkens«.

Von Bildern »nicht zum Einschlafen, sondern zum Aufwachen« spricht Drewermann. Sie können uns aufklären über uns selbst und vieles bedeuten: Antwort auf die wirklich wichtigen Fragen des Lebens, sprechende Signale innerer Not und rettende Winke einer anderen Wirklichkeit.

Die zuversichtliche Affirmation der Bilder durch Drewermann ist begründet, insofern sie von Gott in die Seele gelegt sind, der ein bejahender Gott der Liebe ist. Jesus ist für ihn zentraler Bezugspunkt, weil durch ihn in geschichtlicher Wirklichkeit eine Grundaussage aller Religionen erfahrbar wurde: die verwandelnde und heilende Kraft der Beziehung zu diesem Gott. Drewermanns therapeutischer

Ansatz hat hier seine Besonderheit. Aber auch sein Kirchentraum und seine entschiedene Institutionskritik sind hierin begründet.

Bilder sind Wegzeichen. Den Weg muß jeder selber gehen. Die Fixierung auf Äußerlichkeiten aufzugeben und nach der wesentlichen Wahrheit des eigenen Lebens zu suchen, kann dabei schmerzhaft sein. Drewermann benennt die Situationen, die Zerreißproben sein können: die Scheinsicherheit des Besitzes und die Geborgenheit eines Vertrauens, das den äußeren Reichtum nicht braucht; die Gleichförmigkeit des Banalen und die faszinierende Entdekkung der Sehnsucht; die lähmende Angst und der Zauber des Unbedingten; die Erfahrung des Todes und die Erfahrung der Liebe; die Aggression und die Möglichkeit des reifen, vertrauensvollen Miteinander-Umgehens.

Seine Überzeugung ist: die negativen, leidvollen Seiten der menschlichen Existenz haben nicht das letzte Wort.

Die Auswahl dieses Bandes stellt einige dieser Bilder vor. Das Wagnis bleibt, sich selber auf den Weg zu machen – jeder in das Land seiner eigenen unentdeckten Möglichkeiten.

1.

Die Weisheit der Bilder

Jenseits des Wandels

Alles, was Menschen errichten und verrichten, geht unter im Mahlstrom der Zeit; doch wenn der Sand der Geschichte verweht ist, wird der Blick frei für die Steine aus Porphyr, Basalt und Granit, auf die jenseits des Wandels alles sich gründet, was menschlich Bestand hat. *Das Markusevangelium, Zweiter Teil, 246*

Ginge es auf Erden wirklich so zu, wie uns die »Nachrichten« glauben lassen, so müßte das Leben augenblicklich stillstehen; denn vom Ungewöhnlichen und Anormalen kann kein Mensch auf die Dauer leben. Und doch: man schlage ein Geschichtsbuch auf, – die Stelle sei beliebig; unfehlbar wird man lesen, wann irgendein König oder Kaiser Krieg geführt hat, wann an den Höfen irgendeine Mesalliance zu besonders schwierigen Verwicklungen geführt hat, wann irgendwo Städte gegründet oder Städte vernichtet wurden. Und wieder muß man sagen: Die Welt würde keinen Tag Bestand haben, wenn das, was in den Geschichtsbüchern zu lesen steht, die wirkliche Geschichte wäre. *Das Markusevangelium, Erster Teil, 384*

Das Maß unserer Menschlichkeit bestimmt sich wesentlich danach, inwieweit wir über Worte verfügen, die das Erleben und die Gefühlswelt von Menschen auszudrücken vermögen. *An ihren Früchten sollt ihr sie erkennen, 72*

Irgendwo gibt es in all der Dunkelheit und Nacht unseres Lebens einige Dinge, die klar sind und unter allen Umständen klar bleiben müssen: der Respekt, die Ehrfurcht, das Mitleid, das Bekenntnis der Schuld, das Bekenntnis zu der Würde des Menschen, die Überzeugung, daß die Macht in ihrer Zerstörungskraft über Menschen Grenzen haben muß, – all das zählt zu solchen Punkten, die klar bleiben müssen. *Das Markuseveangelium, Zweiter Teil, 681*

Es geht darum, sich zu fragen, was alles aufhören könnte und sollte, um ein Leben zu beginnen, das uns aufschauen läßt zu den Wolken des Himmels und uns der Vision der Menschlichkeit näherbringt. Wohin wir auch schauen, stehen wir uns selber im Wege und werfen Schatten auf unsere eigene Hoffnung. Nur deshalb bricht das, worauf wir in Wahrheit am meisten warten, schließlich wie eine tödliche Gefahr, wie ein Weltuntergang in unser Leben ein. *Das Markusevangelium, Zweiter Teil, 377*

In Heil wie Unheil gestaltet sich die geschichtliche Welt aus den Tiefenschichten der menschlichen Psyche, – diese Ahnung oder Einsicht durchzieht die Sagen und Legenden, und in dieser Perspektive muß man sehen lernen, um ihre bleibende gültige Wahrheit und Weisheit zu entdecken.

Tiefenpsychologie und Exegese, I, 423

Die psychische und die religiöse Ebene der Wirklichkeit sind keinesfalls identisch; aber zwischen ihnen besteht ein ständiger Energieaustausch, so wie Wolken über dem Meer aufsteigen, daß der Wind sie über das Land treibt und sie sich ausregnen an den Gebirgshängen, bis sie in den Flußläufen zurückfließen in die Weite des Ozeans.

An ihren Früchten sollt ihr sie erkennen, 50

Verdichtete Wahrheit

Wer sich nicht selber mit seinem Leben in den Bildern eines Mythos wiedererkennt, wem ein Mythos schlechterdings nichts (mehr) zu sagen hat, woraus er sein Leben deuten und verstehen kann, für einen solchen ist der Mythos notgedrungen »unwahr« in dem Sinne, daß der Mythos für ihn mit keiner Art von innerer Erfahrung (mehr) übereinstimmt. Ebenso gilt das Umgekehrte: wer selber aus den Symbolen einer mythischen Verdichtung von Geschichte (und Natur) für sein eigenes Leben Aufschluß gewinnen kann, für den ist ein Mythos wahr, selbst wenn er aller äußeren Tatsachenmitteilung in Geschichte und Natur widerspricht.

Tiefenpsychologie und Exegese, I, 339

Die »Träume« der Religion sind keine Abstraktionen von der Wirklichkeit, sondern die Verdichtungen dessen, was die Wirklichkeit Menschen bedeutet, wenn sie die Welt erfahren im Bannkreis der Liebe jenseits der Angst.

An ihren Früchten sollt ihr sie erkennen, 105

Prinzipiell ist jedes Märchen und jeder Traum, so neu er auch sein mag, so alt wie die Menschheit, und eben die zeitlose Gültigkeit der Märchen und Mythen versetzt sie in den Stand, zeitlos gültige Wahrheiten zu formulieren, die den Einsichten des Verstandes unendlich überlegen sind. *Schneeweißchen und Rosenrot, 6*

Wie versteht man ein göttliches Geheimnis? Viel wäre gewonnen, wir könnten die Erzählungen der Bibel und die Symbole der Kirche auf eine Weise in uns aufnehmen, wie sie den Künstlern, den Musikern, den Malern und den Dichtern, eigen ist, nicht aber den Vernunftgründe suchenden Logikern, nicht den Geschichtsgründe fordernden Forschern: den Theologen, den Historikern.

Dein Name ist wie der Geschmack des Lebens, 13

Gewiß besitzt diese Welt der Archetypen auch ihre dramatischen Gefahren, und ich verschweige das nicht. Gerade weil sie den kollektiven Träumen der Menschheit so nahesteht, vermag sie vor allem auf dem Terrain des politischen Handelns die Gemüter bis zum Wahnhaften zu verwirren. *Eben deswegen* ja warne ich immer wieder davor, religiöse Hoffnungen ohne die Filterung des Individuationsweges des Einzelnen als *äußerlich* zu nehmen und direkt auf die Gestaltung geschichtlicher Realität beziehen zu wollen. Aber man darf darüber den religiös fundamentalen Wert der Archetpyen nicht leugnen; man muß sie lediglich richtig verstehen, wenn sie keinen Schaden stiften sollen.

An ihren Früchten sollt ihr sie erkennen, 114

Es wird darum gehen, eine Religiosität zu pflegen, welche die uralten Aufspaltungen überwindet, die heute noch die Seele vom Körper, das Fühlen vom Empfinden, das Lieben vom Begehren, die Frau von dem Mann, den Unverheirateten von dem Verheirateten, den Kleriker von dem Laien und letztlich Gott von der Welt trennt. *Kleriker, 738*

2.

Die Gesetze der Angst

Das Elend der Seele

Wenn das gesamte Dasein des Menschen nur noch aus Angst besteht, verwandeln sich alle Strukturen seiner kreatürlichen Existenz von Segen in Fluch, von Heil in Unheil, von Glück in Unglück – das Paradies der Welt verwandelt sich in das Elend der verbannten Kinder Evas, in die Welt unserer irdischen Geschichte, wenn Menschen *aus Angst* Gott aus den Augen verlieren und am Ende nur noch *in Angst* zu leben verurteilt sind.

An ihren Früchten sollt ihr sie erkennen, 51

Es gehört zu den ewigen Gesetzen der Angst, daß wir uns, wenn der Boden zu schwanken beginnt, *anzuklammern* versuchen. So als lebten wir seelisch noch immer auf den Bäumen, werden wir versuchen, uns irgendwo festzuhalten, wenn wir den »Boden« unter den Füßen zu verlieren drohen, so daß wir im Gefühl geistiger Haltlosigkeit uns an jedem festzumachen suchen, der uns einen Ausweg zu zeigen verspricht.

Das Markusevangelium, Zweiter Teil, 386 f.

Man kann nicht leben, wenn alles, was menschlich ist, einem anderen Menschen als einem Gott abgetreten werden muß. Doch so verhängnisvoll geht es zu, wenn das eigene Leben von Angst aufgefressen wird; man muß dann irgendeinem anderen Menschen zu Füßen fallen und ihm die eigene Freiheit, das eigene Leben, die gesamte eigene Existenz übertragen – und sich selbst dabei als Mensch vernichten, immer in der Sorge, ohne diese Sklaverei geradewegs selbst vernichtet zu werden. Der andere wächst im Zirkel der Angst immer mehr in seiner projizierten Allmacht, man selbst aber fließt darin immer mehr aus und wird immer blutleerer.

Tiefenpsychologie und Exegese, I, 487

Es braucht ein jeder nur die Gefühle zu beachten, mit denen er zu irgendeiner Behörde geht, egal, ob zu einer kirchlichen, staatlichen oder sonstigen »Dienststelle«. Allein schon, daß man einer »Autorität« gegenübersteht, macht aus uns als ansonsten erwachsenen Menschen große Kinder. Der Pulsschlag erhöht sich, die Speichelabsonderung versiegt im Mund, die

Beine werden wackelig; Menschen, die normalerweise vernünftig zu denken und zu reden vermögen, fangen plötzlich an zu stottern, nur weil jemand ihnen als Vertreter der Macht, als Beamter gegenübertritt. Man hört auf, ein Mensch zu sein, sobald man nur einer »Behörde« mit ihren »Amtsträgern« begegnet.

Das Markusevangelium, Zweiter Teil, 267

So widersprüchlich beginnt fast regelmäßig im Menschen das eigentliche Leben: man weiß, daß man es dringend braucht, und sehnt es von Herzen herbei, aber dann, wenn es beginnen könnte, weist man es voller Angst um den guten Ruf zurück und hält es aus Sorge um den bisherigen so vernünftigen Standpunkt sogleich weit von sich fern.

Tiefenpsychologie und Exegese, II, 508

Die endlose Tragödie des Bösen besteht zumeist nicht darin, daß wir von Hause aus das Böse, das wir uns und anderen zufügen, wirklich selber wollten; das eigentliche Verhängnis unserer Bosheit ergibt sich fast immer dadurch, daß wir aus lauter Angst unsere ursprüngliche

Absicht nicht festhalten können und schließlich wie hypnotisiert dem Besten in uns untreu werden. *Das Markusevangelium, Zweiter Teil, 632*

Was kann, was soll man Menschen noch sagen, die jedes Wort der Wahrheit in sich fühlen könnten, aber aus lauter Angst weiterlügen *müssen;* die genau wissen könnten, wie einfach das Leben wäre, kehrte man zu dem zurück, was im eigenen Herzen stimmt, und die dennoch weiter aus Gewohnheit, aus Trägheit, aus Fortsetzung all der alten Mechanismen nur so weitermachen, wie sie es gewohnt sind, – und zertreten müssen, was sie leben ließe, und töten müssen, wovon sie selber existieren könnten? *Das Markusevangelium, Zweiter Teil, 495*

Aus Angst vor der Liebe haben wir die »Kultur« des Patriarchalismus dahin entwickelt, daß wir die Welt am besten zu beherrschen vermeinen, wenn wir den eigenen Gefühlen möglichst kühl gegenüberstehen, indem wir die menschliche Sprache tunlichst durch emotionslose Objektbeschreibungen ersetzen und über die Natur das Netz eines detaillierten Herrschaftswissens werfen, das uns wohl in den Besitz von Macht und Reichtum zu bringen vermag, doch wie zur Strafe dafür eine grassierende Seelenlosigkeit und Gefühlsverarmung um uns breitet. *Lebenskraft Angst,* 35

Wer gelernt hat, auf sich selbst mit Steinen einzuschlagen, wird denjenigen zunächst nicht lieben, sondern hassen, der ihn eine gewisse Freundlichkeit im Umgang mit sich selber lehren will; wer gelernt hat, vor jeder menschlichen Annäherung zu fliehen, wird denjenigen wütend anfallen und zu vertreiben suchen, der sich ihm anbietet, sein Freund und Begleiter durch die Nacht und die Angst zu sein; wer gelernt hat, den Tod zu lieben und das Leben zu fürchten, wird denjenigen umzubringen suchen, der ihm beibringen will, das Leben als Chance und Aufgabe zu begreifen.

Tiefenpsychologie und Exegese, II, 261

Gewiß, man kann scheitern, und man kann das Scheitern fürchten. Aber wer nur das Scheitern fürchtet, scheitert sicherlich, denn er kommt nicht dazu, überhaupt auch nur irgendetwas zu tun. Man kann sich verspekulieren, und man kann etwas falsch machen, das ist wahr; aber wer in seinem Leben nur alles richtig machen will, macht niemals etwas richtig, und wer grundsätzlich sich davor schützen möchte, daß ihm am Ende eine Chance entgeht oder er auf das falsche Pferd gesetzt hat, wird nie zu einem Gewinnn kommen.

Tiefenpsychologie und Exegese, II, 751 f.

In der schlimmsten aller Ängste, in der Furcht, die eigene Identität und Autonomie zu verlieren oder schon verloren zu haben, ist ein solches Ich unentwegt vor allem auf der Flucht: vor der Liebe ebenso wie vor dem Haß. Aus Angst verkriecht es sich in seine Einsamkeit, obwohl es doch im Grunde nichts mehr fürchtet, als allein zu sein.

Ich steige hinab in die Barke der Sonne, 160

Weiß Gott, es gibt diese Angst einer äußersten Verlassenheit, in der ein Mensch sich wie lebendig tot empfindet, als bedeckte ihn bereits der Staub der Verwesung und als gäbe nur noch der heiße Atem seiner Not ein letztes Zeugnis von seinem Leben, das längst schon aufgehört hat, noch weiter lebensfähig zu sein: er hat die einzige Sünde begangen, die das Leben niemals vergibt: er hat sich verloren.

Das Markusevangelium, Zweiter Teil, 491

So spitzt sich denn alles auf die Frage zu, wie man aus diesem Gefängnis der Menschenabhängigkeit und Menschenvergötterung herauskommt, wie man die Welt der mythischen Angstrituale verlassen und zu sich selber finden kann. Israel hat darauf seine Antwort in der Geschichte von der Berufung des Moses gefunden. »Du kannst den Einfluß und die absolute Macht anderer Menschen erst dann relativieren, wenn du zu deinem Gott gefunden hast«, hat es gesagt. »Du kannst erst dann frei werden, wenn du jenseits der Menschenanbeterei dem Gott begegnest, der deinem eigenen Wesen entspricht.«

Tiefenpsychologie und Exegese, I, 488

Den Kreislauf durchbrechen

Das, wovor wir am meisten Angst haben, ist häufig das, worauf wir am meisten hoffen. Das, was wir oft wie einen Alptraum fürchten, erweist sich nach Wegfall der Angst nicht selten als Inhalt längst verschwiegener Wunschträume. *Das Markusevangelium, Erster Teil, 447*

Kein Problem, das es wirklich gibt, läßt sich auf die Dauer vermeiden, und die meisten seelischen Erkrankungen entstehen gerade dadurch, daß Menschen sich bestimmte Fragen über Gebühr vom Halse halten möchten. Je seelisch gesunder hingegen ein Mensch ist und je mehr ihm die Organe des »Sehens«, des »Zugreifens« und des »Feststehens« als seine eigenen zur Verfügung sind, desto konfliktfähiger und widerstandsbereiter wird er auch nach außen hin sein: gerade ein Mensch, der gelernt hat, seine Angst in sich selbst zu besiegen, wird um so gefestigter und geschlossener den Widersprüchen seiner Umgebung entgegentreten können.

Das Markusevangelium, Zweiter Teil, 80

Gewiß treffen wir schon an der nächsten Ecke auf Leute, die in scheinbarer Sicherheit dastehen und unbeirrt wissen, wo es langgeht. Warum aber lassen wir uns von ihrer Großtuerei derartig unter Druck setzen? Warum hören wir nicht gerade bei den lautesten Schreiern, wie ihre Stimme zittert vor Angst? Warum hören wir nicht gerade bei den Tonangebern, wieviel an Angst sie mit ihrem Geschrei überbrüllen, nicht anders als der kleine Junge, der in den Keller geht und pfeift? Warum sehen wir nicht in den Fäusten, die sich ballen, zunächst die Hände, wie sie zittern? Warum sehen wir überhaupt bei all den Leuten, die so groß dastehen, nicht in aller Deutlichkeit, wie klein sie in Wahrheit sind? Es ist die ganze Kunst, auch in dem anderen, und zwar ohne ihn zu demütigen und zu kränken, einfach mit einem Vertrauen, das sich bergend um ihn legt, das Kind wieder zum Vorschein zu bringen, das er ständig verleugnen mußte. Solche Orte der Geborgenheit braucht jeder Mensch, und wir haben die Chance, sie einander zu schenken.

Das Markusevangelium, Zweiter Teil, 49 f.

Das Bedürfnis nach einer absoluten Sicherheit angesichts der Nichtigkeit und Kontingenz des Daseins ist offensichtlich dem Denken und Empfinden des Menschen selbst *wesenseigen;* es wird nicht von bestimmten Bedingungen einer Gesellschaft hervorgebracht, mit denen zugleich es zugrunde gehen könnte, sondern es bedient sich lediglich der gesellschaftlichen Bedingungen, um in bedingter Form eine unbedingte Antwort auf die totale Infragestellung des Menschen selbst zu geben. Eben diese unbedingte Antwort auf die radikale Kontingenz (und Angst) des menschlichen Daseins ist die Religion, und gerade so muß sie jenseits der Soziologie auch verstanden werden. *Tiefenpsychologie und Exegese, I, 64*

Jede Religion bindet nicht nur Angst, sie erzeugt auch Angst, und es ist nicht zu erkennen, daß das Christentum a priori dagegen gefeit wäre, genauso menschenfeindlich sein zu können wie jeder andere in Loyalismus und Moralismus erstarrte Religion. Daß die frühe Kirche mit Berufung auf die Lehre und die Praxis Jesu den Mut aufgebracht hat, sich aus den Bindungen an die Gesetze zugunsten einer tieferen Menschlichkeit zu lösen, beweise noch nicht, daß das Christentum selbst nach zwei Jahrtausenden auch wirklich besser, wirklich menschlicher geworden sei.

Das Markusevangelium, Zweiter Teil, 653

Doch offenbar will Jesus gerade den Zusammenbruch unserer moralischen Persönlichkeit erreichen. Es geht ihm um diesen Tod unserer ethischen Selbstzufriedenheit, mit der wir glauben, gut sein zu können, einfach weil wir es wollen. Denn mit dieser Einstellung werden wir der Unheimlichkeit des Bösen im Menschen nicht gerecht, und wir werden auch Gott nicht gerecht, der uns *alles* vergeben muß, nicht nur das, was wir tun, auch das, was wir sind. Es ist ein erschütternder Gedanke, den eigenen moralischen Untergang, die eigene Unfähigkeit zum Guten akzeptieren zu sollen; aber erst so gewinnen wir ein Vertrauen, das uns von den Krämpfen und Vergeblichkeiten unserer guten Vorsätze und angestrengten Bemühungen im Felde der Angst befreit.

Das Markusevangelium, Zweiter Teil, 551

Der Glaube, der rettet, besteht zu allen Zeiten und an allen Orten der Welt in dem gleichen Vertrauen gegen die Angst und in den gleichen Intuitionen der Bilder, mittels deren die Seele ihren Weg nach innen zu bezeichnen pflegt.

Tiefenpsychologie und Exegese, II, 164

Es gibt für uns Menschen keine andere Form von Wahrheit als die Wahrheit unseres Herzens – *sie* hat Gott uns gegeben, als er uns erschuf, und es kommt einzig darauf an, gegen alle Verstellungen der Angst zu dieser Wahrheit, in der Gott uns gemeint hat, als er uns ins Dasein rief, zurückzufinden.

An ihren Früchten sollt ihr sie erkennen, 60

Aber kommen möge das Reich des Friedens, der Wahrheit, des Erbarmens, des Mutes, der individuellen Freiheit, der Tapferkeit, des Glücks für jedes Menschenkind, welches das Licht der Welt erblickt. O laßt uns wachen über jeden Keim der Hoffnung!

Das Markusevangelium, Zweiter Teil, 411

Heilung durch Vertrauen

Nichts ist schlimmer für ein Kind, als erleben zu müssen, daß die eigenen Eltern einer drohenden Gefahr absolut hilflos und selber voller Angst gegenüberstehen; für ein Kind bilden Vater und Mutter den wichtigsten Halt auf Erden; zu erleben, daß auch sie keinen Halt zu bieten vermögen, verwandelt die ganze Welt in eine Stätte nicht endender Angst.

Das Markusevangelium, Zweiter Teil, 26f.

Die Erwachsenen sind keine Götter, aber nur ein Kind, das gelernt hat, auch kritische Wahrnehmungen machen und mitteilen zu dürfen, wird seine Autoritätshörigkeit nach und nach verlieren und die Feststellung treffen können, daß Vater und Mutter (sowie deren Nachfolger) wirklich nur Menschen sind. Einzig in einer Haltung des Vertrauens gewinnt ein Kind genügend Halt, um seine eigene Freiheit zu wagen; der Hintergrund dieses Vertrauens aber ist es, den Jesus Gott nennt und den er als seinen und unseren Vater bezeichnet.

Das Markusevangelium, Zweiter Teil, 111

Ein Kind kann man nicht für seine Tüchtigkeit und seine Leistung lieben, es kann ja noch gar nichts, es tut noch gar nichts Nützliches; ein Kind kann man nicht dafür lieben, daß es etwas Besonderes besäße oder vorzuzeigen hätte, – es hat im Gegenteil noch nichts zu eigen; man muß es schon, wenn man es lieben will, um seiner selbst willen liebhaben. Das ist das ganze Geheimnis eines Kindes, daß es uns durch sein bloßes Dasein nötigt, es zu lieben, und daß es davon lebt, für nichts geliebt zu werden.

Darin, daß wir so von uns selber denken würden, läge unsere Erlösung: daß wir einmal den Mut hätten, gratis zu leben, und uns mal getrauen würden, uns einfach schon durch unser Dasein als berechtigt zu empfinden.

Tiefenpsychologie und Exegese, I, 505 f.

Wie viele Menschen gibt es, die niemals in ihrem Leben so etwas wie Geborgenheit und Zuversicht haben lernen können und die statt dessen sich an den Gedanken des Todes gewöhnt haben, als wäre gerade dort, im Jenseits des Lebens, die einzige Zuflucht! Solche Menschen eines »umgekehrten« Lebens der Angst im Verlaufe von Jahren zu einer gewissen Dankbarkeit gegenüber dem Dasein und zu einer gewissen Zärtlichkeit gegenüber sich selbst zu »verführen«, ist immer wieder die Alltagsarbeit dessen, was heute »Psychoanalyse« heißt. Sie ist ganz einfach eine Form, in der der Glaube praktisch wird.

An ihren Früchten sollt ihr sie erkennen, 84

Kein Psychotherapeut der Welt vermag eine Heilung gegen den Willen seines Patienten zu vollbringen. Im Gegenteil. Die Heilung besteht eigentlich immer nur darin, daß der Kranke lernt, wieder einen eigenen Willen zu bekommen; sie gelingt, wenn er das Vertrauen aufbringt, den eigenen Wunsch gegen den Widerstand seiner Angst zu äußern; sie ist abgeschlossen, wenn *er* sich buchstäblich wieder zu seinen eigenen Augen, zu seiner Einsichtsfähigkeit entschließt.

Das Markusevangelium, Zweiter Teil, 161

Alle Psychotherapie ist so etwas wie die archäologische Restauration einer auf den Boden des Meeres vor Jahrtausenden versunkenen Statue, deren Antlitz und Gestalt es von allen Ablagerungen und Zerstörungen der Zeit zu befreien und in ihrer ursprünglichen Schönheit wiederherzustellen gilt.

Das Markusevangelium, Zweiter Teil, 158

Jede Not und jede Angst ist individuell; eine jede verlangt nach einer individuellen Antwort, und in jedem Einzelfall steht die Möglichkeit des Vertrauens gegen die Angst von neuem auf dem Spiel; umgekehrt bedeutet jede Heilung für sich in all ihren Details etwas Wunderbares, und es gibt vom schlechthin Wunderbaren keine Verallgemeinerung; das Wunder ist in jedem Einzelfalle ein unableitbares Wagnis und eine unableitbare Erwählung der ganzen Existenz – keinerlei Berufung auf etwas Vergangenes außerhalb der Situation, in der es geschieht, ist möglich.

Tiefenpsychologie und Exegese, I, 208f.

3.

Im Kraftfeld der Liebe

Ein Land voller Zauber

Wissen wirklich nur noch die Märchen, daß einzig die Liebe die Kraft besitzt, glücklich zu machen? Auf den starken Schwingen des Gefühls trägt sie uns über Berge und Meere in ein jenseitiges Land voller Zauber und Träume.

Lebenskraft Angst, 28

Der Liebe Tun sollte uns selbstverständlich sein, weil wir es »instinktiv« als unsere Wahrheit spüren, und es sollte uns aus dem Herzen kommen ohne weitere Absicht, ohne weiteres Nachdenken, als etwas unmittelbar Gefühltes und unmittelbar Verwirklichtes.

Das Markusevangelium, Zweiter Teil, 327

Ein jeder Mensch ist als irdische Existenz nicht weniger hinfällig und zerbrechlich als Schneeflocken im Wind; aber in der Liebe erhebt er sich über die Natur und eröffnet dem anderen in dem Gefühl einer überfließenden Dankbarkeit für die Schönheit seiner Existenz einen Einblick in die Sphäre einer absoluten

Personalität und Liebe, die als Grund und Ursprung allen Seins erscheint.

Tiefenpsychologie und Exegese, II, 459

Nur die Liebe besitzt die Kraft, die alltäglichen Begegnungen nicht alltäglich werden zu lassen, nur sie bewahrt die vertraute Gewöhnung aneinander davor, zu Gewohnheit und Gewöhnlichkeit abzustumpfen, und nur sie rettet die Regelmäßigkeit vor der Routine, die ständige Wiederholung vor innerer Aushöhlung, die festen Vereinbarungen vor unmerklicher Erstarrung. Sie allein verjüngt und erschafft immer wieder neu; sie setzt frei, was noch unentfaltet ist, sie gestaltet, was noch auf seine Formung wartet, sie befreit aus der Gefangenschaft, was unter dem Lastgewicht von Angst und Schuld wie eingekerkert liegen mag; sie schenkt die Gabe einer unendlichen Neugier und Freude am Wesen des anderen. So ist die Liebe die einzige wirksame Gegenkraft der Langeweile, die Heiligung der Zeit in Ritual und Zeremoniell. *Das Eigentliche ist unsichtbar, 46f.*

Wenn die »Energie« des Vertrauens und der Liebe, die von einer anderen Person ausgeht, uns so ergreift, daß sie uns wie im Rhythmus des eigenen Seins durchfließt und alles in uns verstärkt, anregt und auf ein Niveau hebt, zu dem wir von uns selbst her niemals imstande gewesen wären, so hat man in etwa ein Modell, um zu verstehen, was bei dem Vorgang geschieht, der theologisch als »Glauben« bezeichnet wird: ein Ergriffenwerden und Einschwingen in die pulsierende Kraft, die das gesamte Weltall durchströmt und die dennoch unendlich mehr ist als nur eine »Kraft«, da nur eine Person auf uns als Personen mit jener unvergleichlichen Energie zu wirken vermag, die wir »Liebe« nennen.

An ihren Früchten sollt ihr sie erkennen, 61 f.

Die Schönheit des anderen

Es ist die vielleicht schönste »Definition« dessen, was »Liebe« ist, wenn wir sagen: sie ist die Fähigkeit, hinter all den Verhüllungen der irdischen Existenz, hinter all den Verhängnissen und Schicksalsschlägen, hinter all den Einengungen und Unwägbarkeiten des Lebens die wahre Gestalt des anderen wahrzunehmen und sie unbeirrt als seine eigentliche Wahrheit zu setzen.

Denn allein die Liebe ist imstande, das wahre Wesen eines Menschen zu erahnen; nur sie vermag die Ewigkeitsbedeutung eines Menschen zu erfassen.

An ihren Früchten sollt ihr sie erkennen, 86

Es gibt so unendlich viel an einem Menschen, den man liebhat, zu entdecken, was nur mit den Augen der Liebe wahrzunehmen ist, und diese ehrfürchtige Dankbarkeit für das Dasein der Geliebten verwandelt jeden Augenblick ihrer Nähe in einen Tempel der Andacht und des Gebetes. Nicht »Aufgaben« »schweißen« Menschen »zusammen«, sondern was sie auf ewig miteinander verbindet, das ist dieser Gleichklang der Seele, diese bebende Welle des Glücks, diese zitternde Woge der Freude, die sie mit unwiderstehlicher Kraft gemeinsam emporträgt zum Himmel.

Das Eigentliche ist unsichtbar, 104

Wie anders sollte man Liebe bezeichnen als eine Bewegung der Seele, die alles Äußere in der Erscheinung des anderen für uns auf seine Seele hin transparent macht und zugleich den Drang in uns weckt, von dem anderen immer mehr zu erfahren, zu erkennen und ihn in allem immer tiefer zu verstehen? In solcher Weise *innerlich* zu sehen bedeutet, hinter den »Fakten« die Bedeutung der jeweiligen Mitteilungen wahrzunehmen und den jeweiligen Eindruck der Person des anderen *als Ausdruck* zu verstehen.

Dein Name ist wie der Geschmack des Lebens, 108

Man wird wohl niemals sagen können, worin dieser »Auslöser« eigentlich liegt, der die Liebe in der Seele eines Menschen weckt. »Irgendwie« hat dieses Erleben gewiß etwas mit dem Eindruck zu tun, den anderen unbeschreiblich und unvergleichlich *schön* zu finden, aber wir müssen den anderen bereits sehr lieben, um ihn so zu sehen.

Der Trommler, 29

Ein jeder Mensch richtet im Grunde an das Leben nicht so sehr die Frage, was er aus sich machen kann oder was er mit seinen Fähigkeiten tun soll; die tiefste Frage des menschlichen Herzens gilt dem Wunsch und dem Bemühen, akzeptabel und liebenswert genug zu sein, um eine Liebe zu erfahren, die ihm das Gefühl verleiht, berechtigt auf der Welt zu sein. Um eine solche Liebe zu erringen, unternimmt ein Mensch alles, denn nichts ist schlimmer, als denken zu müssen, die eigene Person lange nicht aus, um die notwendige Liebe zu verdienen. *Tiefenpsychologie und Exegese, II, 749*

Es mag eine Liebe geben, die der ganzen Welt und der Menschheit gilt, aber auch sie wird erst lebendig und wahr in der Liebe zu einem einzelnen Menschen, in dem die ganze Welt, die ganze Menschheit wie in magischer Verzauberung sich verdichtet. *Der Trommler, 24*

Ursprünglich bietet gerade die Liebe unserer Person Halt und Festigkeit, verleiht gerade sie uns Mut und Selbstvertrauen, wie wir es sonst niemals kennenzulernen vermöchten, befähigt gerade sie uns zu Taten, die wir uns normalerweise nicht zutrauen würden. In ihrem Wesen ist die Liebe wie eine große Woge, die den Nachen unseres kleinen Ichs bis zu den Sternen heben könnte. Nein: die Angst vor der Liebe ist nicht ursprünglich; die Angst vor der Liebe müssen wir erst lernen. Und wir lernen sie am nachhaltigsten als Kinder in lieblosen Ehen. Ursprünglich fürchten wir gerade *den Verlust* der Liebe so sehr wie den Tod. Aber wenn wir schon als Kinder gerade für die Gefühle der Liebe mit Liebesverlust bestraft werden, wenn wir schon als Kinder lernen müssen, daß auf Liebe die Todesstrafe, die Höllenstrafe, die Ausweisung in das Land »Nicht-mehr-geliebt-zu-werden« steht, zu welchen Menschen müssen wir dann werden? *Lebenskraft Angst, 32*

Die Tragödie jeder Impotenzproblematik ergibt sich immer wieder aus eben diesem Teufelskreis, daß aus lauter Angst, nicht »groß«, »stark«, »eindrucksvoll« und »tüchtig« genug zu sein, die Liebe, statt eines Geschenks, sich in eine überdimensionale Pflicht und Anstrengung verwandelt, die nach der notwendigen Zerstörung jedes unmittelbaren Gefühls gerade dasjenige Versagen heraufbeschwören muß, das man unter allen Umständen und mit allen Kräften zu vermeiden trachtete. Die Hauptschwierigkeit besteht dabei durchaus nicht in einem objektiven, womöglich physischen Mangel oder Unvermögen zur Liebe, sondern in dem Mangel an Vertrauen bzw. in der eklatanten Unfähigkeit glauben zu können, daß nicht die besonders »herausragende« Leistung, sondern die eigene Person, »umsonst«, wie absichtslos, geliebt werde. Dieses Unvermögen des Vertrauens, diese Unfähigkeit, Liebe als Geschenk *empfangen* zu können, erzwingt reaktiv allererst den fast suchtartigen Hang, sich die Liebe des anderen erarbeiten und durch Leistung erobern zu müssen. Aber so erfolgreich jemand, äußerlich gesehen, mit dieser Einstellung auch werden mag – zur Liebe wird er dabei wirklich immer unfähiger werden. *Der Trommler, 45*

In allen Fragen, die die Liebe betreffen, haben wir in unserem Kulturraum gelernt, daß Gesetze wichtiger sind als Gefühle, daß die Ordnung wichtiger ist als das Glück, daß die Verantwortung wichtiger ist als die Freiheit, also, daß wir uns kaum noch eines leidenschaftlichen Gefühls getrauen – es könnte Anarchie bedeuten, daß wir uns kaum noch den Stimmungen von Traum und Poesie zu öffnen wagen – es könnte uns den Sinn für die »Realitäten« des Lebens trüben, und daß wir schließlich jede Begeisterung, jede Hochherzigkeit, jedes Flügelschlagen der Seele voller Angst vermeiden, in Langeweile ersticken und in beruhigter Dumpfheit verbrüten, ganz so, als ob die Kunst des Lebens darin bestünde, die »Illusionen« der Liebe zu verlieren und mit einem bißchen Liebe zufrieden zu werden.

Tiefenpsychologie und Exegese, II, 326

Menschen können nicht die Liebe lehren, die selber Angst vor der Liebe haben; sie können nicht den Mut zur Selbstentfaltung schenken, solange sie selber nicht wagen, persönlich zu existieren – man kann einen anderen Menschen stets nur bis zu dem Punkt begleiten, bis wohin man selbst gekommen ist. *Kleriker, 672*

Jede Unterdrückung der Liebe, so fromm und moralisch, so rein und heilig, so sittsam und sittig sie sich auch gerieren mag, ist immer auch eine Form der Gottesverleumdung und Gottesverleugnung.

Dein Name ist wie der Geschmack des Lebens, 56

Doch so unbeantwortbar diese Frage nach unserer Liebe auch ist, – gerade sie begleitet uns durch das ganze Leben. Immer wieder kehrt sie zurück, Jahr um Jahr, Stufe für Stufe, entsprechend den Stadien unseres Lebens, skeptisch und beunruhigend oft, eindringlicher und verbindlicher von Mal zu Mal. Einzig entlang dieser Frage reifen wir wirklich. Allein in dieser Frage liegt der wirkliche Maßstab unseres Lebens. Sollte man uns in zehn, in fünfzehn Jahren noch einmal fragen, wer wir sind, was wir in der Zwischenzeit gemacht haben und was aus uns geworden ist, so wird sich die Antwort einzig an dieser Frage orientieren: Haben wir es vermocht, in der Liebe zu wachsen?

Ich steige hinab in die Barke der Sonne, 223

Wiedergefundenes Paradies

Schon auf Erden läßt uns die Liebe unsere körperliche Existenz auf eine Weise erleben, die uns ein Stück vom Himmel zeigt. (. . .) *Jeder* Teil des Körpers eines Menschen, den wir lieben, verwandelt sich in der Poesie der Liebe in einen Reichtum von Bildern, die sich ausdehnen, wie wenn alles Körperhafte sich in der Zärtlichkeit der Sprache verunendlichen würde, indem es immer neue Assoziationen in sich aufnimmt und zu der ganzen Welt der Schönheit, die uns umgibt, in immer tiefere Verbindung tritt. So lehrt die Liebe schon auf Erden, miteinander so zu leben, daß es an jeder Stelle um uns und in uns weit wird bis zum Horizont und unsere Seele sich erhebt zu dem Gesang der Ewigkeit.

Das Markusevangelium, Zweiter Teil, 719f.

In den Anfangstagen der Menschheit, so überliefern manche Mythen und Märchen, seien die Menschen imstande gewesen, die Sprache aller Lebewesen zu verstehen, und sie hätten als erste eine universelle Zärtlichkeit der Welt erlernen müssen, ehe sie in den Stand gesetzt worden seien, einander als Mann und Frau zu begegnen. In der Liebe erscheint die ganze Welt ringsum tatsächlich wie ein Rest des verlorenen Gartens Eden am Anfang der Welt.

Lebenskraft Angst, 29

Die Liebe ist die einzige Macht, die uns ein Stück von jener Welt zeigt, wie Gott sie meinte, als er uns erschuf.

Das Markusevangelium, Zweiter Teil, 95

Einzig die Liebe ist imstande, die Erde mit dem Himmel zu verbinden, den Geist mit dem Körper, die Seele mit dem Fleisch, die »Sinnlichkeit«, wie man so sagt, mit der Sittlichkeit, die Wahrheit des Herzens mit der Weisheit des Geistes. Der Riß, der den Menschen seit den Tagen der Angst, seit dem Augenblick des Sündenfalls durchzieht, wird einzig geheilt durch die Macht der Liebe.

Das Markusevangelium, Zweiter Teil, 96ff.

Nur die Liebenden *sind wirklich:* in ihrer Schönheit, in ihrem Glück und in ihrer Dankbarkeit.

Der Trommler, 29

4.

Mit anderen zusammenleben

Füreinander dasein

Was wir in unserem Kulturraum offenbar zu wenig lernen, ist die Kunst, füreinander *nicht* zu handeln, *nicht* zu denken, *nicht* etwas zu *machen,* sondern füreinander *dazusein.*

Das Markusevangelium, Zweiter Teil, 293f.

Man kann nicht lange mit einem Menschen zusammen leben, der stets nur eine einzige Frage auf den Lippen hat: wie man sein Aussehen lobt und sein Ansehen hebt, wie man seine Absichten preist und seinen Ansichten Ehre erweist, und wie man in allem sich selbst zum Spiegel seiner gefälligen Selbstbetrachtung erniedrigt. Die wirklich »großen Leute« ertragen sich selber nur als die Größten, und sie können einem anderen Menschen nur begegnen, indem sie sich vor ihm spreizen und plustern, um wenigstens ein Stück weit in seinen Augen als schöner, besser und intelligenter zu gelten. Jedes Zusammentreffen mit anderen verwandelt sich daher für die »großen Leute« in einen unerbittlichen Konkurrenzkampf um die

Gunst ihrer Mitmenschen; aber paradox genug: man kann die narzißtischen Launen der Selbstbespiegelung und der Bewunderungssucht eine gewisse Zeitlang vielleicht amüsant finden, doch recht bald beginnt man die armselige Monotonie, die unerträgliche Selbstbezogenheit, die pure Interessenlosigkeit des »Eitlen« am Schicksal anderer zu bemerken, und von diesem Moment an kann man ihm gerade das, wonach er am meisten hungert, am wenigsten zuteil werden lassen: Achtung, Wertschätzung und Anerkennung.

Das Eigentliche ist unsichtbar, 24

Wenn wir in unseren Beziehungen zueinander *uns selber* als *geheilt* empfinden, so brauchen wir nicht länger mehr den Begriff der Verantwortung als Freibrief der Tyrannei, der Angst und der Einschüchterung zu verwenden; statt dessen könnten wir uns wechselseitig von Respekt, von Hochachtung, von Vertrauen, von Zuversicht bestimmen lassen, und wir könnten den Mut aufbringen, an die Möglichkeiten des anderen ernsthaft zu glauben. Doch dazu gehört, daß wir die eigene Wahrheit zunächst einmal bei uns selber suchen, statt die Schwierigkeiten, die wir mit uns haben, partout im anderen lösen zu wollen; es gehört dazu auch, sich als erstes selber zu fragen, wie man lebt, statt zu beaufsichtigen, wie der andere sein Leben einrichten möchte.

Das Markusevangelium, Erster Teil, 491 f.

Viel können Menschen tun, um das wahre Bild Gottes in der Seele eines anderen Menschen zu verwischen, es zu verhüllen und es mit falschen Worten einzunebeln. Aber viel können wir Menschen auch tun, um durch unsere Nähe einem anderen Menschen Gott nahe zu bringen.

Das Markusevangelium, Zweiter Teil 292

Wer es vermag, auf das Leben eines anderen Menschen keinen Schatten zu werfen, wer sich soweit zurücknimmt, daß er die »Aussichten« des anderen nicht verstellt, wer so durchscheinend wird, daß das Licht des Himmels ihn durchleuchtet wie das Fenster einer Kathedrale, der ist im Sinne Jesu am meisten ein königlicher Mensch vor Gott. Es geht niemals um Macht und Titel, nicht einmal um den Titel eines »Christen«, es geht allein um diese Einsicht: Vor Gott zählt einzig eine Art der Menschlichkeit, die Blinde sehen, Lahme gehen, Tote auferstehen läßt (Jes 35,5.6; 61,1).

Das Markusevangelium, Zweiter Teil, 164f.

Wenn man jemals in seinem Leben einem Menschen begegnet, dessen Verständnis, Güte und Mut auch das eigene Leben mit Zuversicht, Freude und Liebe zu erfüllen vermochte, so ist es förmlich unvermeidbar, sein Herz für immer an diesen Menschen zu hängen; wer einem selbst das Leben schenkte und selbst zum Leben wurde, dem will und muß man aus innerem Antrieb auch von sich her das eigene Leben schenken.

Tiefenpsychologie und Exegese II, 272f.

Jeder von uns wird an seiner Seite solche Menschen brauchen, die ihn lehren, sich selber mit den Augen der ewigen Güte zu betrachten.

Das Markusevangelium, Zweiter Teil, 294

Ja, es könnte mit unserem Leben eine erstaunliche Wandlung vor sich gehen : ein anderer Stil des Menschseins könnte geboren werden, indem die Grundfrage unseres Lebens nicht länger mehr lautete, wie führe ich mich den anderen vor oder wie führe ich mich vor den anderen auf, sondern einzig darauf ausgerichtet wäre, wie ich dem anderen von Nutzen sein kann. Es ginge nicht länger mehr darum, wie ich mich vor den Augen der anderen durch Potemkinsche Dörferbauten, durch Größenstaffagen scheinbarer Herrlichkeit, absichern kann, es ginge darum, wie ich selber zu meiner eigenen Angst ja sagen und mit ihr ein Stück vertrauensvoller umgehen kann. Am Ende entstünde ein Freiraum, der es sogar ermöglicht, die Hilflosigkeit, die Angst, die Kleinheit auch im anderen wahrnehmen und ihm die Chance zu geben, gefahrlos von den Podesten herunterzusteigen, auf die er in seiner Angst geflohen war. *Das Markusevangelium, Zweiter Teil, 58 f.*

Schuld und Vergebung

Daß Menschen in Schuld geraten, ist schlimm; aber sich schuldig zu fühlen und nicht an Vergebung glauben zu können, – das ist die Hölle.

Man sagt, daß Schuld vereinsamt. Das ist wahr. Man wagt es nicht, dem anderen unter die Augen zu treten. Man trägt die Schuld wie ein Geheimnis mit sich herum. Niemanden traut man sich, etwas davon zu sagen. Alle Sorge richtet sich mehr und mehr darauf, das Gesicht nicht zu verlieren. Von Tag zu Tag wächst die Schuld auf diese Weise immer enger mit dem eigenen Ich zusammen. Schließlich schämt man sich schon gar nicht mehr der Schuld, sondern dafür, überhaupt zu leben. Daß man sie ändern könnte, erscheint unmöglich. So schließen sich die Türen des Gefängnisses. Starre, Einsamkeit, ein ewiges Doppelspiel, eine zunehmende Veräußerlichung, schließlich ein Abscheu, überhaupt noch an sich zu denken, – das macht die Schuld zu einem unentrinnbaren Getto der Angst und der Scham. Was das Thema der Vergebung so wichtig macht, ist der Umstand, daß wirkliche Schuld ohne Vergebung unerträglich quälend ist. *Ich steige hinab in die Barke der Sonne, 194f.*

Nichts ändert sich, und nichts bessert sich an uns, ehe wir nicht anfangen, uns selber zu verstehen. Und da gilt es, vor allem zu begreifen, daß es kein Böses gibt, das wir einem andern zufügen, wir hätten es denn zunächst uns selber zugefügt. Begreifen müssen wir, daß wir keine Lüge sprechen können, ohne uns selber zu betrügen, daß wir mit jeder Unzucht ein Stück von der eigenen Würde preisgeben und daß wir mit jedem chronisch gewordenen Haß auf andere immer zugleich auch ein Stück persönlicher Liebenswürdigkeit einbüßen und an Wertschätzung unserer selbst mit Füßen treten.

Ich steige hinab in die Barke der Sonne, 202f.

Solange uns eine wirkliche Verletzung weh tut und schmerzt, sollten wir nicht so schnell von Vergebung sprechen, weil wir nicht die Kraft haben, es durchzuhalten. Wenn wir dem anderen wirklich zutrauen, daß er Einsicht und guten Willen genug besitzt, sollten wir eher versuchen, miteinander ins Gespräch zu kommen und einander zu sagen, wie weh etwas getan hat und warum ein unbedachtes Wort, eine Nachlässigkeit, vielleicht auch eine gezielt geplante Grausamkeit, so sehr geschmerzt hat. Solange Wunden nicht geheilt sind, verfügen wir nicht über die Weitherzigkeit, die zur Vergebung nötig ist. Es ist möglich, zu sagen: »Ich vergebe dir«, wenn uns der Schmerz nicht zu sehr drückt. Dann bedeutet »Ich vergebe dir« wirklich nur: »Es war nicht so schlimm.« Aber wenn etwas sich tief in die Seele eingefressen hat und weh tut, ist Ehrlichkeit wichtiger als sogar die Nächstenliebe. Zwar dürfen und können Wahrheit und Liebe einander nicht widersprechen. Aber ohne Wahrhaftigkeit in allen Herzendingen finden Menschen nicht zueinander, auch nicht unter der Deckformel der Vergebung.

Ich steige hinab in die Barke der Sonne, 200

Fast alle, die wir von anderen und durch uns selbst verletzt wurden, werden es erst nach und nach lernen müssen, sogar über die Bosheit des eigenen Herzens hinaus zu reifen, hinweg nicht nur über das zugefügte Leid, sondern auch über das Bedürfnis, dem anderen zur Vergeltung neues Leidens zuzufügen. Erst vermöge einer tieferen Erkenntnis dessen, was uns selber quält, werden wir die Kraft gewinnen, auch das Böse im Herzen eines anderen aufzunehmen und zu beruhigen. Im Grunde sagen wir dem anderen damit nicht allein: »Ich vergebe dir«, sondern tiefer noch: »Ich verstehe von mir selber her, wie du dazu kommen konntest. Ich würde mich selber nicht kennen, wüßte ich nicht, was in dir vor sich ging.«

Ich steige hinab in die Barke der Sonne, 201

Wenn die Sonne aufgegangen ist, zündet man keine Kerzen mehr an, sagt ein chinesisches Sprichwort; wenn es regnet, begießt man nicht den Garten. Vergebung unserer Sünden heißt, daß alle wissen können: die Sonne *ist* jetzt aufgegangen, oder, für uns fast Verdurstete: es hat schon angefangen, zu regnen. Alles ist gut. Alles Wichtige ist schon getan. Die eine, die zentrale Umwertung hat stattgefunden. Das ist die »Auferstehung« Jesu – unser Leben jenseits der Schranken des Todes aus Angst und Schuld. *Ich steige hinab in die Barke der Sonne, 199*

Güte gegen Gewalt

Wie ohnmächtig auf dieser Erde ist die Güte, wie schrecklich glaubhaft hingegen das probate Mittel der Macht: das Rezept der Gewalt! Und dann immer wieder unser gesunder Menschenverstand, aufgebläht bis zum Wahnsinn von Phrasen und Nichtigkeiten und vollgepumpt mit den Reflexionen der Menschenangst! *Das Markusevangelium, Zweiter Teil, 496*

Ein archaisches Gesetz in uns scheint zu verlangen, daß alles Fremde als feindlich zu betrachten sei, so als müßten wir es fürchten und bekämpfen, schon einfach *weil* es fremd ist. Es bedroht uns, weil wir es nicht kennen, es stellt uns in Frage, weil es anders ist als wir, es verletzt uns, weil es den Nimbus unserer Einzigartigkeit und Unvergleichlichkeit zerstört. Je stärker unsere Angst ist, desto enger zieht das Band unserer Menschlichkeit sich um die uns Nächststehenden zusammen, desto entschiedener schließt es alle anderen als Gegner aus. Moralische Regeln, die uns im Umgang mit unseresgleichen absolut bindend vorkommen, verlieren ihre Geltung, ja verkehren sich ins Gegenteil gegenüber Menschen, die nicht zu uns gehören. Je stärker unsere eigene Gruppe – der Clan, der Stamm, das Volks, die soziale Schicht, die Religionsgemeinschaft, die Partei – bestimmt, was menschlich ist, desto weniger dürfen uns diejenigen als Menschen erscheinen, auf die das jeweilige System von Normen und Verhaltensregeln nicht anzuwenden ist. Statt als Menschen haben sie uns als Gesetzlose, als Volksgegner, als Klassenfeinde, als Ungläubige, als Reaktionäre zu gelten, denen Kampf, Verachtung und Verfolgung anzusagen ist. *Das Markusevangelium, Zweiter Teil, 602 f.*

Nur die unangefochten Überlegenen können es sich leisten, den Einsatz ihrer Machtmittel innerhalb bestimmter humaner Grenzen zu halten; die Ohnmächtigen müssen mit *allen* ihnen zu Gebote stehenden Mitteln kämpfen, immer in der Hoffnung oder in der Illusion, mit einem »kleinen« Unrecht ein großes Unrecht aus der Welt zu schaffen.

Das Markusevangelium, Zweiter Teil, 520

Die Ergebnislosigkeit der Güte ist in dieser Welt zu offensichtlich, als daß sie je zu widerlegen wäre. Auch der Glaube ändert nichts daran. Aber gerade weil es auf den Erfolg nicht ankommt, zeichnet die Güte auf dem Hintergrund der ewig stärkeren Gewalt sich nur um so klarer ab. *Das Markusevangelium, Zweiter Teil, 421*

Verantwortung sehen

Es gibt Millionen Menschen, die vor Hunger und Müdigkeit sich kaum mehr durch ihr Dasein schleppen können. Sollte die Kultivierung und der Kult unserer Bequemlichkeiten allen Ernstes wichtiger sein als die Sprache ihrer ausgezehrten Leiber und ihrer in Traurigkeit und Ohnmacht erstickten Seelen? Man zeigt dem Besucher von Auschwitz heute den Abdruck der Fingernägel der systematisch Gemordeten in den Gaskammern aus Beton. Was aber brauchen wir, um uns beeindrucken zu lassen? Die Hälfte des Überflusses – es gäbe keine Not mehr auf Erden!

Dein Name ist wie der Geschmack des Lebens, 70

Im Jahr 2000 werden in unserer Welt 40000 Kinder täglich verhungern, aber eine Viertelmillion wird täglich geboren werden; die Hälfte der Weltbevölkerung wird unterernährt sein, und das Zusammenleben der Völker wird einem Pulverfaß gleichen. Was aber tun wir? Die katholische Kirche erklärt, ein Problem der Überbevölkerung existiere überhaupt nicht und alle künstlichen Mittel zur Geburtenregelung seien strikt abzulehnen. Die christlichen Parteien in unserem Lande erklären, daß wir als erstes unsere Arbeitslosenzahlen abbauen müßten und zu diesem Zweck ein weiteres *Wirtschaftswachstum* benötigten. M.a.W.: Wir konsumieren immer noch nicht genug, um die Binnennachfrage wirksam zu beleben, und wir exportieren auch immer noch nicht genug, um der Wirtschaft genügend Aufträge zu verschaffen. Was aber wird aus unseren Exporten?

Das Markusevangelium, Zweiter Teil, 383

Wer heute »Politik« sagt, meint damit immer auch das Spiel *mit* Menschen und *um* Menschen, er meint damit immer auch den ständigen Verstoß gegen das oberste Prinzip der Humanität, wonach ein Mensch niemals als Mittel zum Zweck, sondern stets als Zweck an sich selbst gelten müsse, er meint immer auch die konkreten Tragödien im Kampf um die Macht und um den Erhalt von Macht. *Kleriker, 673*

Die entscheidende Frage besteht darin, wie wir auf Gott so zu hören lernen, daß wir dadurch den *Mut zu einem eigenen Sein* gewinnen, das uns befähigt, »die Nähe von Gedrückten und Gedemütigten« nicht als erdrückend und demütigend zu erleben, sondern konstruktiv zu verändern. *Kleriker, 691*

Jene Welt, auf die *wir* warten und in der wir einzig menschlich leben könnten, müßte getragen sein von dem Bemühen um Verständnis füreinander und von einer universellen Hilfsbereitschaft gegenüber jeder menschlichen Not, wo immer wir ihr begegnen; wieviel könnten wir zu diesem Zweck von unseren ganz normalen Gewohnheiten preisgeben, um an Menschlichkeit zu gewinnen!

Das Markusevangelium, Zweiter Teil, 395 f.

5.

Wage zu leben

Vor dem Abgrund des Nichts

Es gibt tief in uns allen jene furchtbare Form der Verzweiflung, die schon gar nicht mehr weiß, noch wissen will, daß es jemals so etwas wie Hoffnung gab; es gibt jene abgründige Resignation, die durchaus keine Erinnerung mehr daran besitzt, was Träumen heißt; es gibt jene schreckliche Umnachtung, in der kein Gut und Böse, kein Laster und keine Tugend, keine Größe und keine Niedrigkeit mehr existiert, nur noch das Einerlei und Allerlei, das alltägliche Nichts, aufgeblasen zur Existenzform. *Das Markusevangelium, Zweiter Teil, 400*

Wirklich verzweifelt kann man wohl nur sein, wenn man für nichts in der Welt mehr Verantwortung trägt; nur dann kann man es sich leisten, alles für vertan und verloren zu halten. Eine Frau, z. B., die einzig für ein Hamsterchen noch zu sorgen hatte, erzählte einmal, daß sie diesem Tier zuliebe, das sie in der nahen Zoohandlung für 1,50 DM gekauft hatte, an einem bestimmten Abend einen

Selbstmordversuch *nicht* unternahm. Es ist schlimm, für nichts mehr geradestehen zu müssen. *Tiefenpsychologie und Exegese, I, 745*

Solange wir nur in den Wänden unseres eigenen Hauses Ordnung zu schaffen haben, mag uns vieles belasten, vieles mag sich überhaupt nicht ausräumen lassen, aber man hat es nur mit sich selbst zu tun, und also kann man dafür geradestehen und irgendwie auch damit fertig werden. Aber eine wirkliche Zerreißprobe bis zum Äußersten ist das Leid, das andere betrifft und dem wir, ohne irgend etwas tun zu können, gegenüberstehen. Dieser entsetzliche Eindruck der Unabwendbarkeit, diese ständige Sorge, die Kräfte des anderen möchten nicht ausreichen, diese fortwährende Unruhe und Spannung einer ohnmächtigen Anteilnahme in dem passiven Warten auf eine Katastrophe, die sich gerade noch ein bißchen verspätet – all das ist wirklich unerträglich.

Das Markusevangelium, Erster Teil, 472f.

Nur das Leid, die Einsamkeit und die Angst nehmen dem Menschen endgültig die Scheuklappen von den Augen, zerschneiden die falschen Sicherheiten gewohnter Heuchelei und gutmütiger Rücksichtnahme und stellen ihn vor den Abgrund des Nichts, das aller Schöpfung zugrunde liegt und aus dem nur Gott den Menschen retten kann.

Tiefenpsychologie und Exegese, 155

Es waren eben diese Trauernden und Weinenden, die Jesus nahe bei Gott sah, und einzig ihnen sicherte er die Vergebung des Himmels zu. Allein sie waren elend genug, um die Maskeraden der Lüge nicht mehr zu brauchen; allein sie waren gebeugt genug, um nicht mehr großtun zu müssen; allein sie waren erschöpft und müde genug, um einfach müßig zu sein, ohne Pläne und Zweck und ohne den Terror bedeutsamer Ziele. Warum lernen wir die Wahrheit unseres Lebens immer nur durch Leiden kennen? *Ich steige hinab in die Barke der Sonne, 49*

Doch nur der Schmerz vermag geheilt, nur die Traurigkeit vermag erlöst, nur die Sehnsucht vermag erfüllt zu werden. Die Wunden zwischen Gestern und Morgen dürfen sich nicht schließen, die Risse in den Wänden dürfen nicht verstopft werden; nur so vermag das neue Leben aufzubrechen.

Das Markusevangelium, Zweiter Teil, 682

Wandlung und Reifung

Niemals entscheidet sich unser Leben in dem Moment, da wir zu wählen glauben; die wirklich schicksalhaften Augenblicke lassen nur sichtbar werden, was längst entschieden wurde – zumeist weil wir unschlüssig und entscheidungsunfähig aus Angst und Gleichgültigkeit die wichtigen Fragen unseres Lebens wie blind haben dahintreiben lassen.

Das Markusevangelium, Zweiter Teil, 191

Man darf sich nichts vormachen: Es gibt Augenblicke in unserem Leben, die endgültig sind, und wer bestimmte Entscheidungen immer wieder aufschiebt, für den kann es eines Tages unerbittlich heißen: zu spät!

Das Markusevangelium, Zweiter Teil, 189

Solange man noch jung ist und am Anfang seines Lebens steht, träumt man wohl oft noch ohne jedes Maß und noch wie ziellos von den unbegrenzten Möglichkeiten des eigenen Lebens; erst nach und nach, indem es sich verwirklicht, werden die Grenzen enger. Der Unglückliche, der leer Gebliebene, wird solche Eingrenzungen voller Angst und Traurigkeit erleben – schon wieder ist er ein Stück ärmer geworden, und wieder ist ihm etwas Wesentliches seines Lebens durch den Strom der Zeit abhanden gekommen. Der Glückliche indessen sieht in derartigen notwendigen Beschränkungen seines Lebens eher die eigene Form seines Wesens reifen, und er verzichtet gern auf andere Möglichkeiten, wenn dadurch etwas ganz Bestimmtes in ihm zur Wirklichkeit gelangen kann. *Tiefenpsychologie und Exegese, 417 f.*

Wir Menschen betreiben alles mögliche und meinen, damit aus dem Sumpf herauszukommen, während wir uns in Wahrheit erst richtig in die Ausweglosigkeit hineinarbeiten; aber dann, in dem Moment unserer Erschöpfung, wo wir kein Ziel und keine Richtung mehr vor Augen haben, tun wir etwa scheinbar ganz Unwichtiges und Nebensächliches, und gerade das wird vielleicht vor Gott zum unverhofften Anknüpfungspunkt unserer Rettung. So macht es Gott mit uns, daß wir beim besten Willen gerade das Werk unserer Rettung oft nicht voraussehen können. Das Wesentliche unseres Lebens, (...) geschieht uns wie von außen, unerwartet, in überhaupt keinem Verhältnis zu dem Anfang, den wir vielleicht selber noch gesetzt haben; nur hinterher, vom glücklichen Ergebnis aus, können wir Gottes Handeln in den seltsamen Begebenheiten unseres Lebens nachzeichnen und verstehen, und dann verbleibt uns nachgerade als einziges, menschlich wesentliches Tun allein die Dankbarkeit.

Voller Erbarmen rettet er uns, 38

Es geht um eine Einladung, etwas zu sehen und etwas zu entdecken, das die Unruhe und die Angst über die Unzulänglichkeit, Fragwürdigkeit und Brüchigkeit der eigenen Existenz möglichst unaufdringlich und behutsam von uns nehmen möchte: daß der Blick wegkommt von der Haltlosigkeit und Bodenlosigkeit des eigenen Ichs und ausgerichtet wird auf Gott.

Alle Freude unseres Lebens liegt in dieser Blickveränderung. Denn es gibt gar nichts und kann gar nichts geben, das begütigender, tröstender, befreiender, heilender zu wirken vermöchte als dieses Wort, das allen Krampf beseitigt: »Nur Gott ist gut.« Es ist ein Wort, das alle Fragen löst und all das Grübeln endet, was ich tun muß, um »ewiges Leben« zu erlangen. Ganz einfach darf ich sein, wie ich bin, wenn dieses Wort stimmt – mit meinen Fehlern, Nichtigkeiten und Nichtswürdigkeiten, denn: es gibt Gott. Alles Wichtige ist sozusagen schon getan. *Tiefenpsychologie und Exegese, 703*

Nur Schritt für Schritt wird man dahin gelangen, die Äußerlichkeit aufzugeben und innerlich wahr zu werden. *Der goldene Vogel, 36*

Gefragt, was uns Gott, der in allen Dingen zum Menschen redet, sagen könne im *Damespiel,* gab der Rabbi zur Antwort: »Nun, daß ihr in die Kreuz und Quere ziehen müßt auf festen Linien, Schritt für Schritt; dann aber, angelangt, wenn die Umwandlung geschieht, so seid ihr frei und könnt ziehen, wohin ihr wollt und so weit ihr vermögt.« *Kleriker, 729*

Eine Armut, die befreit

Unsere moderne Gesellschaft gründet sich *wesentlich* auf das Geld: Die Verwaltung unserer Gesellschaft in Form der Politik, die meisten menschlichen Beziehungen, sogar unsere Ideale gründen sich auf Geld. Gewiß, wir glauben auch an Gott, schon seit 1500 Jahren sind wir Bewohner des christlichen Abendlandes. Aber wie kommt es dann, daß, wo irgend ein anderer Kulturkreis mit uns Europäern in Berührung gekommen ist, er von uns nicht Gott gelernt hat, sondern den krassen Materialismus, daß es in unserem Denken und Handeln keinen Wert gibt – keinen religiösen, keinen menschlichen, keinen natürlichen – außer dem Geld, und daß dies offensichtlich die einzige Wahrheit ist, die wir bis in die Südsee und bis zum Nordpol wirklich exportieren: wie man im Namen des Geldes die Natur zerstört, den Menschen entwürdigt und Gott zu diesem Zweck als Alibi mißbraucht?

Das Markusevangelium, Zweiter Teil, 409

Wenn irgendein Rest der heute noch zahlreichen Tier- und Pflanzenarten, vor allem in den tropischen Regenwäldern, an der Seite des Menschen zumindest die Chance eines Überlebens erhalten soll, so muß die menschliche Spezies zum ersten Mal in ihrer Geschichte damit aufhören, das Gebot Gottes im Paradiese uneingeschränkt zu befolgen, welches da lautet: »Wachset und mehret euch und füllet die Erde und machet sie euch untertan und herrschet über die Fische im Meer und die Vögel des Himmels, über das Vieh und alle Tiere, die auf Erden sich regen.« (Gen 1,28) *Weniger* Menschen zugunsten des Erhalts einer größeren Vielfalt von Tier- und Pflanzenarten – ein solches Programm ist für den christlichen Anthropozentrismus auch heute noch eine schier unerträgliche Zumutung.

Ich steige hinab in die Barke der Sonne, 230

Natürlich wird die Last und der Druck einer immer enger werdenden Welt im heutigen Wirtschaftsleben, solange es geht, ungehemmt *an die Tiere* weitergegeben, und auch hier scheint die christliche Lehre von der Unsterblichkeit allein des Menschen jede Art von Quälerei ideologisch zu legitimieren. (...) Mit derselben zweckrationalen Mentalität, mit der man Steinkohle abbaut, geht man heute heran, Tiere als Schlachtfleischlieferanten in riesigen Massentieranstalten maschinell so lange konsumgerecht zu züchten und zu mästen, bis sie verkaufsrentabel den Weg in die Todesfabriken der städtischen Schlachthöfe antreten.

Ich steige hinab in die Barke der Sonne, 231

Vergessen wir einmal die ständigen Entschuldigungen und Ausreden von den scheinbaren Notwendigkeiten, den Zwängen und den Sachverpflichtungen, die uns zum Geldbesitz anhalten, so ist der wahre Kern unserer Abhängigkeit vom »Mammon« wohl darin gelegen, daß das Geld die Macht besitzt, unsere wichtigsten Daseinsängste scheinbar zu beruhigen. Ängste, die nur wir Menschen haben und die uns deshalb immer wieder dazu zwingen, nach maßlosen und illusionären Antworten zu suchen. *Das Markusevangelium, Zweiter Teil, 119*

Je erfolgreicher der Kampf gegen die Armut sich gestaltet, desto sicherer wird die Entdekkung nicht auf sich warten lassen, daß es Armut keinesfalls nur sozial, sondern mindestens ebenso stark *psychisch* gibt: Elend, Abhängigkeit, Ausbeutung und Entfremdung kehren auf dem Boden der Psychologie unfehlbar zurück, d.h. sie sprengen lediglich die soziale Hülle, unter der sie bislang verborgen lagen; und so verlangen sie jetzt nach einer eigenen *personalen* Antwort. Auch hier, auf der psychischen Ebene, handelt es sich freilich immer noch um Formen der Armut, die an sich *nicht* zum Menschen gehören und prinzipiell überwindbar sind – eben deswegen erscheinen sie als so skandalös und inhuman. *Kleriker, 669*

Reich« im Sinne Jesu ist nicht derjenige, der viel besitzt, sondern derjenige, der viel besitzen *muß,* um die Angst zu beruhigen, nicht gut, nicht tüchtig, nicht angesehen, nicht nützlich, nicht perfekt, nicht stark genug zu sein, um gesichert und beruhigt im Dasein existieren zu können. Erst wenn Geld und Besitz auf Fagen antworten sollen, die sie prinzipiell nicht beantworten *können,* wird der Besitzende zum Gefangenen, wird das Geld zum Fetisch, wird das Haben zum Verlust an Sein. Der Gegensatz ist deutlich: Von *materieller* Armut kann man nur in Richtung von mehr materiellem Besitz erlösen; das eigentliche Problem aber lautet: Wie erlöst man einen Menschen davon, sich an seine Habseligkeiten zu klammern, als wenn sie seine Seligkeit wären? Wie ist es möglich, ihm zu zeigen, daß *weniger mehr* ist?

Kleriker, 680

Es ist schon viel gewonnen, wenn wir bemerken, daß das zentrale Problem des Neuen Testamentes im Grunde *nicht* die Armut, sondern *der Reichtum* ist; dann aber ist es sehr wichtig zu verstehen, daß die Warnung Jesu vor dem Reichtum zunächst durchaus nicht sozial motiviert ist, sondern sich unmittelbar aus seinem Verhältnis zu Gott ergibt: der Reichtum soll nicht zwischen Gott und Mensch stehen, er soll dem Menschen nicht werden, was letztlich nur Gott für ihn sein kann: eine letzte Daseinssicherung gegen die Angst. Diesen Hintergrund der Daseinsangst darf man nicht übersehen, wenn irgend man begreifen will, daß *»Armut«* im Sinne Jesu *ein Ausdruck von Erlösung* sein will und sein kann, und zwar *nicht* zunächst *für andere,* sondern für einen selber. *Kleriker, 619*

Solange man unter Armut versteht, das eigene Ich zu »opfern« und preiszugeben, stellt sich auf der Rückseite einer masochistischen Selbstzerknirschung der Anspruch auf Besitz und Geltung nur um so brutaler wieder her. *Armut* bedeutet, im Vertrauen auf Gott die Schwachheit des eigenen Ichs ohne Ausweichen und ohne Ausreden wirklich zu leben: mehr haben wir nicht, als wir selber sind, weil Gott es uns schenkte, als er uns schuf. Mehr *haben* wir nicht zu haben, als wir selbst sind. Alles darüber hinaus verfälscht unser Sein und verstellt den Zugang zum Menschen.

Kleriker, 687

Die eigene Mitte finden

Es ist das Wichtigste, was wir im Leben lernen können: das eigene Wesen zu finden und ihm treu zu bleiben. Allein darauf kommt es an, und nur auf diese Weise dienen wir Gott *ganz:* daß wir begreifen, wer wir selber sind, und den Mut gewinnen, uns selber zu leben. Denn es gibt Melodien, es gibt Worte, es gibt Bilder, es gibt Gesänge, die nur in uns, in unserer Seele schlummern, und es bildet die zentrale Aufgabe unseres Lebens, sie auszusagen und auszusingen. Einzig zu diesem Zweck sind wir gemacht; und keine andere Aufgabe ist wichtiger, als herauszufinden, welch ein Reichtum in uns liegt. Erst dann wird *unser Herz ganz,* erst dann wird *unsere Seele weit,* erst dann wird *unser Denken stark.* Und erst mit *allen* Kräften, die in uns angelegt sind, dienen und preisen wir unseren Schöpfer, wie er es verdient.

Das Markusevangelium, Zweiter Teil, 289 f.

Wir stehen heute vor dem Paradox, daß Menschen Kinder in die Welt setzen müssen, noch ehe sie selber jemals Kinder sein durften, daß sie Mütter sein müssen, ehe sie Frauen, Väter, ehe sie Männer sind. Deren Kinder wachsen dann in einer Welt auf, in der sie das selbstverständliche Recht eines jeden Kindes, geliebt zu werden, nicht empfangen können. Enttäuscht von der Mutter, klammern solche Kinder sich an den Vater, aber der Vater hat selber Angst vor dem Unglück seiner eigenen Gefühle, und so werden schon die Kinder infiziert mit der Angst vor den eigenen Empfindungen von Zuneigung und Liebe – es tut so weh, zurückgewiesen zu werden. *Lebenskraft Angst, 34*

Um unser Leben zu finden, müssen wir seine eigenen Grenzen finden und anerkennen, und dann müssen wir einen Zaun darum errichten, der von den anderen zu respektieren ist. Und in all dem merkt man: es geht da nicht um Ichsucht und Willkür, sondern um die Verteidigung dessen, was wir vor Gott sind; es geht darum, daß wir uns den Raum erobern, den Gott uns zum Leben zugewiesen hat.

Tiefenpsychologie und Exegese, I, 499

Man trägt zum Glück anderer Menschen gerade so viel bei, als man selber an Glück sich erworben hat; man darf nicht die Hilfsbedürftigkeit des anderen brauchen, um selber sich Berechtigung und Notwendigkeit zu verschaffen; und es gibt eine Pflicht, selber zu sein, oder man wird eines Tages bemerken müssen, wie man durch die eigenen Lebenseinschränkungen auch andere Menschen einengt und hindert, sie selbst zu werden. *Kleriker, 693*

Eher ist man bereit, die Hälfte der eigenen Seele mitsamt der Symbolgestalt eines wahreren Lebens von sich zu weisen, als sich offen zu dem, was in einem leben möchte, gegenüber dem Druck der anderen zu bekennen.

Tiefenpsychologie und Exegese, I, 508

Aber die Erlösung der »Welt« besteht nicht darin, das Ich des Einzelnen zu *opfern*, sondern ganz im Gegenteil: es in seine Rechte und Freiheiten einzusetzen und gegen den Terror des Kollektivs mit Eigenständigkeit, Erschlossenheit und Entschlossenheit auszustatten.

Kleriker, 673

Was uns glücklich macht

Nicht durch einen willentlichen Entschluß oder eine bewußte Entscheidung gelangen wir zu unserem Glück, sondern was uns glücklich macht, erwächst schließlich wie gegen unseren Willen aus dem am Anfang scheinbar Bettlerhaften und Armseligen unseres Ich. Erst an seinen Wirkungen merken wir eines Tages, daß etwas gegen unseren Widerstand in unser Inneres vorgedrungen sein muß, das in uns alles verändert, und dann erst, wenn die Würfel eigentlich schon längst zugunsten eines geheimen, aber nie gänzlich erstorbenen Willens zur Freude gefallen sind, erkennen wir dieses Etwas als ein Stück von uns selbst an: das äußerlich an uns so Bettelarme ist jetzt das wahrhaft Königliche und das bisher Verächtliche das wahrhaft Liebenswerte. *Der goldene Vogel, 55*

Freude – das ist sowohl die restlose Beseitigung des Hochmuts als auch die dauernde Vereinigung des Ich mit seiner »Seele«.

Der goldene Vogel, 55

Wenn jemand verzweifelt ist, fragt er sich, warum er überhaupt lebt; wenn jemand gelangweilt ist, fragt er sich, was für einen Sinn sein Leben haben soll. Nur wenn wir sehr glücklich sind, stellen sich derartige Fragen scheinbar gar nicht mehr, sondern beantworten sich von innen her wie von selbst, durch ein Gefühl der Sicherheit und der Geborgenheit im Dasein. *Das Markusevangelium, Zweiter Teil, 285 f.*

Es gibt solche matriarchalischen Augenblicke, da wir wie Kinder, als wären wir soeben erst zur Welt gekommen, am liebsten alle Dinge zärtlich streicheln würden: die Gräser und die Bäume, die Wellen und die Wolken, die Amsel und das Pfauenauge – allem ringsum möchten wir von Herzen dafür danken, daß es existiert. So deutlich spüren wir, wie wenig selbstverständlich, ja, wie völlig überraschend, unwahrscheinlich und ganz wunderbar all das ist, was wir sonst nur wie »gewohnt« und »alltäglich« erleben.

Dein Name ist wie der Geschmack des Lebens, 34

6.

Die Besonderheit Jesu

Die Person ist entscheidend

Wer dem Buddha folgen will, braucht nicht den Buddha. »Ihr selber seid euere Leuchte«, sprach der Erleuchtete in Kusinara sterbend zu seinem Lieblingsschüler Ananda. Wer Mohammed folgen will, beleidigt den Propheten, wenn er sich einen Mohammedaner nennen wollte. Wer Karl Marx für die entscheidende Person in der gegenwärtigen Epoche der menschlichen Geschichte hält, mag sich zu Recht als Marxisten bezeichnen, aber wichtig für ihn ist nicht die Person von Karl Marx, sondern seine Theorie über den »Mehrwert« und die Kenntnis der Gesetze der Geld-Waren-Zirkulation im Kapitalismus. Einzig in der Gestalt Jesu ist die Person des Christus selber das entscheidende.

An ihren Früchten sollt ihr sie erkennen, 31

Man weiß von dem sogenannten »historischen« Jesus so gut wie nichts; aber je mehr an Menschlichkeit wir leben, desto besser werden wir verstehen, wer er ist und was er uns zu sagen hat; und wo immer wir die unverfälschte, kindliche Gestalt in dem Wesen eines anderen Menschen berühren, rühren wir an die Schöpferhände Gottes, die wollten, daß er so ist. Etwas Wunderbares haben wir einander zu vermitteln, wenn wir uns wechselseitig erlauben, das Allereinfachste zu tun: einfach zu leben und zu denken, daß Gott uns und all die Menschen, die uns nahe sind, für das liebt, was wir *wirklich* sind.

Das Markusevangelium, Zweiter Teil, 51

Seit dem Beginn der Bewußtwerdung stellt sich dem Menschen der Tod als Problem dar, auf das die Natur keine Antwort (mehr) gibt; dennoch ist die Versuchung unausweichlich, mit der unendlichen Energie des Bewußtseins sich an die irdische Existenz zu klammern, wie wenn sie von der unendlichen Angst des Geistes befreien könnte; und doch gibt es nur die Antwort, die in der Person Jesu lebte: gegen die Angst das Vertrauen zu setzen und einen jeden Menschen zu lehren, daß er in seiner Würde vor Gott eine unvertauschbare Größe und Bedeutung besitzt, weil er in seinem Dasein unsterblich ist. Alle Angsterscheinungen der

»Welt«, der Endlichkeit, werden damit in ihrer mörderischen Unmenschlichkeit offenbar gemacht und aufs äußerste herausgefordert; andererseits aber faßt das Leben Jesu gerade deshalb das Geheimnis des menschlichen Daseins in Tod und Auferstehung endgültig zusammen; und die Frage wird in alle Zukunft nur noch lauten, inwieweit jeder einzelne sich bereit hält, dem Leben zu folgen, das in Christus begonnen hat: jenseits der Angst und jenseits des Todes.

Tiefenpsychologie und Exegese, II, 500

Die ungeheuere Leistung Jesu besteht darin, den Anspruch, ein »König« zu sein, aller politischen Inhalte, der gesamten Außenseite staatlicher Macht völlig entkleidet zu haben – zu Recht läßt das *Johannes*-Evangelium ihn zu Pilatus sagen: »Mein Reich ist nicht von dieser Welt« (Joh 18,36).

Das Markusevangelium, Zweiter Teil, 571

Es bleibt nur ein einziger »Beweis« für das »Königtum« Jesu: daß er seine Existenz allein auf Gott setzt und fest daran glaubt, daß alles gut ist, selbst wenn alle, um sich vor ihm zu schützen, seinen Tod verlangen. Dies ist ja das Geheimnis der Gottesherrschaft: es gibt nur eine einzige Geborgenheit – in Gott allein. Denn: »Wen der Himmel schützen will, den schützt er durch die Liebe.« (Laotse)

Das Markusevangelium, Zweiter Teil, 577

Wir sollten die Stirn haben, nach vorne zu blicken, durch die Dunkelheit hindurch, um mehr an die Sterne zu glauben als an die Nacht. Möge doch endlich der »Menschensohn« kommen! Möge er kommen um Mitternacht, daß ihn die Dunkelheit erwartet; möge er kommen am Abend, daß ihn die Dämmerung aufnimmt; möge er kommen beim Hahnenschrei, daß ihn das Morgenrot empfängt (Mk 13,35).

Das Markusevangelium, Zweiter Teil, 410

Das Wunder seiner Nähe

In Jesu Nähe ereignete es sich immer wieder, daß Menschen, die ihr Leben lang verkrüppelt waren, sich im Vertrauen auf Gott aufrichten konnten, daß ihnen durch seine Worte wieder ihre Sinne zurückgegeben wurden und daß sie die Welt wieder so zu sehen vermochten, wie sie ist. Auf sein Wort hin lernten sie wieder ihren eigenen Ohren, ihrem eigenen Urteil, ihrem eigenen Denken zu vertrauen. Für Jesus bedeutete es keinen Gegensatz, für ihn war es ein und dasselbe: zu Gott zu finden und zu sich selbst zu finden; beides geschah für ihn in der Kraft ein und desselben Vertrauens, und das eine war für ihn nur das Zeichen des anderen. *Das Markusevangelium, Zweiter Teil, 657*

Nicht kraft seiner menschlichen Fähigkeiten ist Jesus in der Wundererzählung zum Heilen befähigt, vielmehr umgekehrt: Alles, was er vermag, alles, was er als Person anderen sein kann, hängt ab von seinem eigenen Vertrauen; nicht er selber wirkt hier; die Macht, die in Wahrheit etwas bewirkt, besteht allein in dem Vertrauen, das er (von Gott her) jeder Form menschlicher Not entgegenbringt.

Das Markusevangelium, Zweiter Teil, 36

Jesus wollte die Verzweiflung, die Hoffnungslosigkeit, die fiebrige Kälte der Einsamkeit nicht als letzte Auskunft über unser Leben gelten lassen – er redete dagegen, indem er sich auf Gott berief und indem er im Namen Gottes das menschliche Dasein zu verwandeln, zu befreien hoffte. *Das Markusevangelium, Zweiter Teil, 492*

Religion war für Jesus (...) wesentlich eine Heilung von der Angst und ihren heillosen Verkrüppelungen und Verengungen; er sah im Glauben an Gott eine Art, dem Menschen seine persönliche Würde und Gott die schuldige Dankbarkeit zurückzugeben. Von dieser Einstellung Gott gegenüber war Jesus so durchdrungen, daß er an Menschen glaubte, die den Glauben an sich selbst längst aufgegeben hatten, und daß in seiner Nähe immer wieder Menschen förmlich angesteckt wurden durch sein Vertrauen in die Größe und die Weite ihres Lebens.

Das Markusevangelium, Zweiter Teil, 149

Alles, was Jesus sagen will, ist dies: Ein jeder der Leute in Nazareth, jeder, selbst in dem kleinsten Dorf in Galiläa, jeder, überall auf der Welt, jeder, einfach weil er ein Mensch ist, trägt in sich die wunderbarsten, die schönsten und großartigsten Verheißungen. Im Herzen eines jeden wohnt ein Himmelreich; in ihm selber klingen Stimmen aus der Ewigkeit; und sein eigenes Herz ist groß und schön wie eine Kathedrale, wie ein Tempel, wie ein Schloß und eine Burg, wie eine Stätte der Anbetung, der Kraft, der Souveränität, der Freiheit.

Das Markusevangelium, Erster Teil, 382

Wenn nur wir Menschen begreifen würden, zu welcher Größe wir bestimmt sind, welch eine Würde wir in uns tragen und welch einen Respekt wir einander schulden, so könnte unverzüglich, meinte Jesus, ein Reich der Freiheit, des Friedens und des Verstehens auf dieser Welt beginnen.

Das Markusevangelium Zweiter Teil, 407

Freiheit und Liebe sind möglich

Alle Menschen scheinen zu glauben, daß sie glücklich und frei sind; nur wenn sie jemanden sehen, der es wirklich ist, bekommen sie Angst vor sich selber; *den* hassen sie, so glücklich sind sie, *den* bringen sie um, so frei sind sie. Und offenbar muß all dies einmal tatsächlich so geschehen, um unzweideutig allen die Augen zu öffnen. Offenbar *kann* Jesus seine Freiheit und sein Glück, damit sie auf alle übergehen, wirklich nur leben im totalen Widerspruch, in Verfolgung und Leid, in Mißachtung und Hohn, in Mißverstehen und Ablehnung. *Das Markusevangelium, Zweiter Teil, 462*

Nichts ist so schwierig, wie angesichts der Angst menschlich zu bleiben, wahr zu bleiben, gütig zu bleiben und nicht in die Macht, in die Lüge, in die Zerstörung auszuweichen. Aber das wollte Jesus sagen, und das war sein ganzes Leben: daß wir von Gott her die Angst besiegen könnten und als freie Menschen zu leben vermöchten. Wirklich nur deshalb *mußte* er sterben, und eben deshalb kann das Kreuz, dieses verfluchte Schandmal, dieses ungeheuerliche Inbild aller Menschenquälerei, für uns trotz allem zu einem Zeichen des Heiles werden. *Das Markusevangelium, Zweiter Teil, 658*

Müssen wir wirklich und immerfort zuerst töten, was uns leben ließe, vernichten, was uns helfen könnte, ableugnen, was uns Wahrheit brächte, und immer erst am Ende, jenseits der Schranken der Zerstörung, käme die Reue, das Erwachen, die stets zu späte Einsicht? Hieronymus Bosch, als er den Weg Jesu nach Golgotha malte, hat den Menschen in der Tat ein Porträt gegeben, das so grauenhaft aussieht wie dieses Geschichtsbild: Gesichter mit Augen, stechend vor Gier und Geilheit, mit einem Mund, zynisch verrenkt im Spott, mit Backen gedunsen und aufgeblasen von Haß, und mit Händen, sich ausstreckend und zupackend im Würgegriff des Todes. Soll es wirklich nur dieses Bild von uns Menschen geben?

Das Markusevangelium, Zweiter Teil 236

Nein, das Kreuz ist kein Zeichen der Ehre und kein Zeichen der Verehrung. Es ist die Zusammenballung alles Gegenmenschlichen, alles Gegengöttlichen, und wenn es in der Stunde des Karfreitags irgend etwas zu bedenken und zu überlegen gibt, so einzig, wie man das Kreuz in aller Zukunft *vermeiden, abschaffen, beseitigen, unnötig* machen kann in jeder Form. *Das Markusevangelium, Zweiter Teil, 665*

In den Augen Jesu ist es unvermeidlich, *eine Wahl* zu treffen. Entweder man lernt, Gott gegenüber alle »Sicherheiten« und Evidenzen der »Augen«, »Hände« und »Füße« zu *»verbrennen«* und, wie *»in Feuer getauft«*, noch einmal von vorn zu beginnen, oder man wird auf ewig zum Opfer seiner eigenen Angst werden; man wird dann »verbrennen« an der Sehnsucht eines unerfüllten Lebens, und *dieses* Leid wird in seiner Unfruchtbarkeit und Sinnleere jeden Rest an Lebendigkeit und Hoffnung verwüsten.

Das Markusevangelium, Zweiter Teil, 83f.

7.

Gott im eigenen Herzen

Verlockt zu unendlicher Weite

Immer steht die Religion in der Gefahr, daß sie an ihrer eigenen Lehr»tätigkeit« verkommt. Es ist, wie wenn Falschmünzer sich ans Werk machen, um »Blüten« in Umlauf zu bringen, die den echten Geldscheinen sehr ähnlich sehen und gerade deshalb lange Zeit unentdeckt bleiben; je mehr aber von diesen gefälschten Scheinen auf den Markt kommt, desto sicherer verfällt der Kurs der Währung. – Ähnlich im Umgang mit Gott.

Das Markusevangelium, Zweiter Teil, 317

In Wahrheit ist Gott die Weite unseres Herzens und die Unendlichkeit unseres Denkens. Alles, was wir je von Gott verstehen werden, ist in den Gesetzen unserer Entwicklung und Reifung eingeschrieben, die kein anderes Maß und kein anderes Ziel kennen als ihn selber, den Unendlichen. Denn dies ist das Geheimnis unserer Art, Gott zu begegnen: Je tiefer wir unser eigenes Wesen spüren, desto mehr werden wir merken, daß es keine Grenzen gibt; so wenig, wie es den Schwalben im Sommer genügen kann, nur zwischen den Häuserzeilen eines kleinen Dorfes hin- und herzufliegen, und so sehr sie spätestens in den ersten Septembertagen die Sehnsucht nach der grenzenlosen Weite der Meere und Gebirge überkommen wird, so wird uns die Sehnsucht zum Unendlichen ergreifen.

Das Markusevangelium, Zweiter Teil, 291

Wenn die Härte der äußeren Wirklichkeit in Dunkelheit und Kälte vielleicht am meisten jeglicher Hoffnung widerspricht, redet Gott am deutlichsten in unserem Herzen. Es ist, wie wenn seit Urtagen Gott unserer Seele Bilder mit auf den Weg gegeben hätte, die stark und sanft und zauberhaft genug sind, um uns in ihren Bann zu ziehen und uns den rechten Weg zu weisen – hinüber nach »Bethlehem«. Denn es gilt, *diese Welt* mit den Augen von Engeln zu sehen, fähig, inmitten menschlichen Leids, inmitten menschlichen Elends die göttliche Gestalt zu erkennen und ihren Leib, ihr Wachstum, ihre reifende Vollendung wahrzunehmen. *Dein Name ist wie der Geschmack des Lebens, 104*

Gott könnten wir verstehen, und uns selber könnten wir verstehen, wenn wir uns nur erlauben würden, die Macht, die als einzige von Gott ist und die allein uns in die Mitte der Welt, in die Heimat des Glücks zurücktragen kann, wirklich in unser Herz einzulassen. *Daran* glaubte Jesus. Daß er damit alle seit Menschengedenken gerade im Zusammenhang mit den Fragen der Liebe geschürte Angst gegen sich aufrief und jede Art von Gesetzeslogik in alle Zeiten nötigen würde, ihn als einen anarchischen Phantasten zu verteufeln, muß er gewußt haben. Er wollte dennoch, daß wir uns immer wieder fragen, auf welch ein Niveau wir unser Leben ordnen wollen: auf der Ebene der Ordnung Gottes oder auf der Ebene der Verordnungen von Menschen.

Das Markusevangelium, Zweiter Teil, 98

Es ist die Wahrheit, für die Jesus stirbt und ewig steht, daß es nur einen Ort gibt, der Gott wirklich heilig ist: das Herz von Menschen, die ihm seine Güte vorbehaltlos glauben.

Das Markusevangelium, Zweiter Teil, 214 f.

Mit dem eigenen Leben fragen

Vermutlich ist dies die wichtigste Frage unserer Zeit, wie wir der kommenden Generation, und uns selber miteinbegriffen, den Mut zu höheren Zielen, den Glauben an die Sterne, die Sehnsucht, es den Wolken nachzutun, noch einmal neu vermitteln können. Wenn wir den Durst von Verdurstenden, den Hunger von Verhungernden wieder zu fühlen beginnen inmitten einer Welt, die uns nicht sättigen kann, ist der erste Schritt schon getan, daß Gott wieder wahr wird in unserem Herzen und wir Gottes gewahr werden in unserem Leben.

Das Markusevangelium, Erster Teil, 135

In jeder Frage Gottes an den Menschen geht es um Heil oder Unheil, Leben oder Tod, Alles oder Nichts. Nur *die* Fragen sind von Gott, die sich uns unabweisbar immer wieder stellen, in schlaflosen Nächten und taghellen Träumen, beglückend oder bedrückend, je nach den Umständen, immer aber mit dem Anspruch letzter Entschiedenheit und Entschlossenheit. Nur wer sich *ganz* herausgefordert fühlt, spürt *Gottes* Frage an sich selbst im eigenen Leben und fragt mit seinem eigenen Leben selbst nach Gott. *Das Markusevangelium, Zweiter Teil, 218*

Alles auf unserem Lebensweg sieht ja so zufällig und menschlich, allzumenschlich aus; vieles erscheint darin so nichtig, leer und sinnlos-schmerzhaft. Aber darauf kommt alles an: daß sich uns in all dem, was gewesen ist, am Ende die Augen öffnen für die geheime Führung Gottes, die uns in allem unvermerkt begleitet hat. Wir können diese Einsicht nicht ins vorhinein gewinnen...; aber doch können wir von Fall zu Fall in uns die Stimme hören, die zu uns wie ein guter Freund weisend und lenkend redet; und indem wir die Angst besiegen, die uns an jeder Stelle neu den Lebensweg verstellt, werden wir bis ans Ziel, bis hin zur Einsicht Gottes kommen. Dann werden wir im Einklang mit uns selber sein, und unser eigenes Zuhause verwandelt sich in den Ort, da sich Gottes »Engel«, Gott als Heiland, in der Kraft des eigenen Wesen zu erkennen gibt.

Voller Erbarmen rettet er uns, 56

Die Gefahren des Lebens, die von außen hereinbrechen, mögen ebenso plötzlich verschwinden, wie sie gekommen sind – darauf haben wir zumeist nur mittelbar Einfluß. Aber was in uns selber vor sich geht und wie wir zu Gott stehen, daran entscheidet sich unser ganzes Leben, dies *ist* unser Dasein. Die ganze Welt ist voller Wunder in jedem Augenblick, denn Gott verläßt uns nie; er ist uns immer nahe, nicht erst, wenn wir ihn rufen.

Das Markusevangelium, Erster Teil, 358

Die größte Infragestellung unseres Lebens liegt in der Tat darin, daß jemand *nicht* mehr fragt, wie etwas wirkt, wozu man etwas brauchen kann und was man machen muß, um eine ganz bestimmte Absicht zu erreichen, sondern daß er sich nur noch dafür interessiert, ob etwas innerlich stimmt, ob es von Gott ist, ob es wahr ist. Nach den gewöhnlichen Maßstäben unseres Lebens ist es schließlich nicht mehr zu rechtfertigen, wenn jemand einzig aus der Wahrheit leben möchte.

Das Markusevangelium, Zweiter Teil, 577

Immer noch glauben wir, Gott bestürmen zu müssen mit unserer Not und unserem Leid, immer im Wahn, im Grunde zu wissen, was für uns gut ist, wenn nur Gott es auch wüßte. »Gehorsam« zu werden, das hieße, die eigenen Planungen fahren zu lassen und wahr und durchsichtig zu werden in der stillen Sammlung der Gegenwart Gottes. *Kleriker, 708*

Die letzte Stufe der Erlösung wird betreten, wenn man imstande ist, die im Grunde zentral religiöse Forderung des Daseins zu erfüllen: es solle etwas geben, dem man aus ganzem Herzen, ganzem Denken und aus ganzer Kraft sich widmen könne (Dtn 6,4; Mk 12,30), und zwar sein ganzes Leben lang. *Der goldene Vogel, 52*

Einander Gottes Spiegel sein

Gott ist diejenige Person, die ich absolut brauche, um zu begründen, warum es mich gibt.

Das Markusevangelium, Zweiter Teil, 217

An sich gibt es in der Seele von Menschen keine Macht, die derart alle Kräfte der Persönlichkeit gegen die Zersplitterungen der Angst sammeln und zusammenführen könnte, wie die Haltung eines grundlegenden Vertrauens. Nur in der Sphäre einer Geborgenheit, wie sie einzig der Glaube eröffnet, kann ein Mensch zur Einheit mit sich selbst gelangen, und es ist letztlich sein Verhältnis zu Gott, das darüber entscheidet, in welch einem Verhältnis jemand zu sich selber steht.

Das Markusevangelium, Zweiter Teil, 79

In jedem Falle aber verschmilzt der Glaube an Gott auf das engste mit dem Glauben an die Personalität des Menschen, und ein und dasselbe ist es, an Gott als Person, als weltjenseitigen Willen und ewige Liebe zu glauben und die menschliche Person als etwas Absolutes zu betrachten. Kein Mensch hätte den Mut, sich auf das Meer seines Unbewußten hinauszuwagen, wenn nicht in ihm selber Bilder angelegt wären, die ihm einen Weg zeigen hinüber zum anderen Ufer seiner ewigen Heimat.

Tiefenpsychologie und Exegese, II, 343

Ein jeder hat unableitbar *seinen* Weg zu Gott, und es können diese Wege voneinander so verschieden sein, daß der eine es lernen muß, *den Tod* als die Form anzunehmen, in der Gott zu ihm »kommt«, während der andere unter Umständen *ein ganzes Leben* lang sich aufsparen muß für den einen entscheidenden Augenblick, da Gott in seine Nähe tritt. Aber diese göttliche »Gleichgültigkeit« gegenüber dem Schicksal des anderen, diese heilige Konzentration auf den Weg der *eigenen* Bestimmung, trennt uns innerhalb der »Herde« Christi nicht voneinander, sondern ist gerade der Ausdruck einer unzerstörbaren Verbundenheit und Zusammengehörigkeit, die auch der Tod nicht trennen kann.

Ich steige hinab in die Barke der Sonne, 227

Man kommt Gott nicht näher, indem man dem Menschen fernrückt; man steigert das Dasein nicht auf Gott hin, indem man es Menschen verweigert; und man gibt sich nicht hin, indem man sich aufspart – für Gott? Wofür hat er uns die Liebe geschenkt! *Kleriker, 718*

Die ganze Kunst unseres Lebens besteht darin, uns selber und die Menschen, die uns nahestehen, so wahrnehmen zu lernen, daß sie uns erscheinen als Abbild und als Spiegel, in dem wir Gottes Antlitz sehen. Was wäre Liebe unter Menschen sonst, wenn nicht diese Vermögen, das Bild des Ewigen in der Seele eines anderen sterblichen Menschen wiederzuerkennen, mit einem Gefühl voller Dankbarkeit und reich beschenkt mit dem Glück des Himmels? *Das Markusevangelium, Zweiter Teil, 268*

8.

Den Tod überwinden

Bereits im Augenblick der Zeugung eines Lebewesens beginnt die Uhr des Todes abzulaufen, und meist, noch ehe sie ihr Ziel erreicht, bringt ein beliebiger Zufall, wie von außen kommend, sie zum Stehen. Ein weniges genügt: Ein Blutgerinnsel. Eine Öllache. Ein Stolpern auf der Treppe. Eine Herzrhythmusstörung. Viele Millionen von Krankheitskeimen vermag der menschliche Körper abzuwehren, gegen das Programm des Todes in seinem eigenen Innern ist er machtlos. Dieses Programm ist er selber. Die angemessenste Haltung gegenüber dem Tod scheint der Gehorsam: mit der Stummheit der Tiere zu gehen, wenn er uns ruft. *Ich steige hinab in die Barke der Sonne, 21*

Was sind wir Menschen angesichts der Allmacht des Todes? Oder auch umgekehrt: was ist der Tod, wenn er jederzeit als bedrohende bzw. je nach den Umständen auch als befreiende Möglichkeit neben uns steht, als Schlund oder Schlupfloch, als Grab oder

Gnade, je nachdem, wo wir halten? Eines steht fest: nur Menschen, die vermessen genug sind, irgend etwas auf Erden zu lieben, erscheint der Tod als Problem. Nur die sich Anklammernden können etwas verlieren; nur denen die Welt eine Ahnung von Glück schenkte, kennen die Trauer, sterben zu müssen; nur die aus Sehnsucht Enttäuschten mögen am Ende den Tod förmlich suchen; doch gerade sie verlangen im Grunde nur richtig zu leben. Dies aber scheint der Kern aller Fragen: Wann leben wir wirklich? *Ich steige hinab in die Barke der Sonne, 12*

Was kann man tun, wenn man weiß, daß man in zwanzig, dreißig Jahren tot ist, und zu wissen glaubt, daß es ein anderes Leben als dieses Leben auf Erden nicht gibt? Nun, man muß versuchen, den Tod zu vergessen und die Tage zu genießen, und jede Tätigkeit, die die Sinne erregt und den Geist betäubt, ist dazu gerade passend. Wenn es der Geist ist, der Angst verbreitet, so ist die Geistlosigkeit ein Ziel, und man muß sie förmlich zum Programm erheben, unter dem neuen Namen der Entspannung, der Ablenkung, der Freude und des »verdienten Genusses«. Man wird schön essen gehen, man wird schön trinken gehen, man wird schön in der Sonne liegen, und vor allem wird man die Einsamkeit meiden und in die Gesellschaft fliehen – je mehr Menschenleiber uns umgeben, desto wärmer scheint die Schutzdecke gegen die Kälte des Todes zu wirken; man wird die Stille fürchten und den Lärm und den Taumel der Bewegung suchen, und in aller Hektik wird man sich des noch verbliebenen Restes an Jugend, Schönheit und Vitalität zu versichern suchen – die Tanzböden, die Maskenbälle, die Partys mit den pflichtverordneten Grimassen der »Lustbarkeiten« werden bevorzugte Ort, um den Gedanken an den Tod sich aus dem Gehirn zu treiben, und wenn selbst das nicht hilft, so kann man dem nachhelfen, mit Drogen, mit Alkohol, mit dem Gegröhle der Masse, und man tanzt solange, bis daß der Tod am Ende selbst zum Tänzer wird.

Tiefenpsychologie und Exegese, II, 305f.

Es ist möglich, um ein möglichst langes Leben zu *kämpfen,* sich sorgsam zu schützen und gegen alle Eventualitäten abzuschirmen. Aber je stärker die Angst vor dem Tode wird, desto hypochondrischer müßten wir das Leben selber bekämpfen, sollten wir bei dieser Einstellung bleiben.

Was wird sein? – Wir wissen es nicht. Und selbst wenn wir es wüßten, was wäre gewonnen? *Ich steige hinab in die Barke der Sonne, 27*

Alles, was ist und geschieht, verdient gerade im Angesicht des Todes die größte Aufmerksamkeit; und umgekehrt: die wahnhafte Überheblichkeit und der Eigendünkel von Macht, Besitz und Wissen schwinden dahin, wenn alle Dinge sterblich sind. Der Tod relativiert, woran wir uns in unserer Vermessenheit oft wie an eine Garantie der Sicherheit klammern möchten, und er schenkt eine ruhige Weisheit, ja sogar eine letzte Beruhigung: wenn die Last der Erde zu schwer wird, gibt es immer noch die Pforten des Todes, die geheimnisvolle Allmacht der Schlange, die jederzeit bereit ist, die Rätsel des Geistes zu lösen, die Einsamkeit des Herzens zu enden und die Schmerzen des Körpers zu heilen. Wer sie sieht, schaut unvermeidlich in die Tiefe der Dinge; ihm formt das Leben sich noch einmal.

Das Eigentliche ist unsichtbar, 41

Wie sehr wir den Tod fürchten, hängt offensichtlich sehr stark davon ab, wieviel wir uns in unserem Leben an Liebesfähigkeit zutrauen und an Liebesglück erleben.

Ich steige hinab in die Barke der Sonne, 55

Der Tod kann die Liebe nicht töten

Was geschieht, wenn ein Mensch, den wir lieb haben, stirbt? Wir werden diesen Vorgang niemals wirklich begreifen, durch den die innigsten Bande der Freundschaft jäh und unwiderruflich durchschnitten werden können – vor den eigenen Augen sinkt ein Mensch in sich zusammen, den wir auf Händen hätten durchs Leben tragen mögen; mitten im Gespräch erstirbt sein Wort auf den Lippen, Starre und Kälte treten an die Stelle der anmutigsten Schönheit und des seelenvollsten Ausdrucks. Medizinisch erklärbar, entzieht sich der Tod menschlich jedem Verständnis; allenfalls lassen sich einige Bedingungen formulieren, unter denen der Tod als Teil des Lebens akzeptabel scheint, und es sind dies offenbar die gleichen Voraussetzungen, unter denen das Leben selber menschlich seinen Sinn erhält. Ja, recht besehen, ist der Tod wie ein Schlußstein, wie eine Zusammenfassung all der Regeln, nach denen mitten im Leben die Liebe sich entfaltet. *Das Eigentliche ist unsichtbar, 50*

Um so dringlicher ist es, den Tod nicht nur zu beklagen; es kommt darauf an, dem Zeugnis der Seele entschlossener Folge zu leisten als dem Zeugnis der Sinne und den Augen des Herzens mehr Glauben zu schenken als den Augen des Leibes. Immer verwandelt die Liebe das Leben eines geliebten Menschen in eine lebende Legende, und nur durch den Eintritt in diese Sphäre des legendären Charakters der Liebe öffnen sich die Augen für eine tiefere Sicht sowohl des Lebens wie des Todes eines Menschen, den wir lieben.

Tiefenpsychologie und Exegese, II, 425 f.

Immer in den Mythen der Völker ist das Erleben der Sexualität auf eigentümliche Weise mit der Erfahrung des Todes verbunden, ist doch die Sterblichkeit selbst, wie die Biologie bereits zeigt, eine Folge der Geschlechtlichkeit, und wiederum ist die Geschlechtlichkeit nur sinnvoll, wenn es den Tod gibt. Die Angst vor dem Sterben kann jedoch dazu führen, die Liebe selber ganz zu meiden, so als wäre sie selber der Tod, ja, es erscheint der Partner der Liebe, insbesondere die Gestalt der Frau am Ende selbst wie ein alles verschlingender, wolfsartiger Abgrund.

Ich steige hinab in die Barke der Sonne, 56

Es ist ein schlechter Trost, wenn der Tod sich entschuldigt mit der Last der Notwendigkeit und der unerbittlichen Gerechtigkeit seines Auftritts – seine düstere Majestät erhebt sich nur zu um so schrecklicherer Gestalt, als sie unterschiedslos eben dort keine Ausnahme duldet, wo der Liebende unbedingt die Einzigartigkeit und Unvergleichlichkeit der Geliebten als zwingendes Argument einer absoluten Ausnahme erfährt: jedem Liebenden erscheint die Geliebte als einzig, und nichts dünkt ihn schnöder als die monumentale Gleichgültigkeit und Gleichheit des Todes. Es gibt keinen

Frieden auf Erden zwischen Liebe und Tod, und so nötig auch immer in der Ordnung der Welt ist, ist der Tod ein Skandal in der Ordnung des Herzens.

Tiefenpsychologie und Exegese, II, 425

Dem gesamten Weltall mögen wir gleichgültig, unwesentlich und völlig nebensächlich scheinen; im Leben eines Menschen, der uns liebt, sind wir unbedingt wesentlich und unverzichtbar. Nur durch die Liebe gewinnen wir Menschen den Mut, als Individuen zu existieren; doch gerade dadurch fallen wir aus der Ordnung der Natur heraus; gerade dadurch wird uns der Tod zu einer unerträglichen Zumutung. *Ich steige hinab in die Barke der Sonne, 41*

Und doch ist es gerade die Liebe, die mit dem Tod auch zu versöhnen weiß. Allein die Liebe weiß in jedem Augenblick, daß der Körper nur die äußere Hülle, die Schale und das Gefäß eines größeren Lebens ist. Sie, die in jedem Augenblick die Gebärden des Körpers als möglichen Ausdruck der Seele betrachtet, – die in allen Dingen und »Tatsachen« die Innenseite seelischer Bedeutung zu erahnen sucht – die alle Gegenstände ringsum die Symbole des Geistes zu verwandeln vermag –, sie vermag auch den Tod, statt gegen ihn zu protestieren, letztlich als das Symbol einer endgültigen Vergeistigung zu betrachten.

Das Eigentliche ist unsichtbar, 52

Selbst der Tod kann die Liebenden nicht voneinander scheiden; hingegen die Zerstörung der Liebe wäre schlimmer als der Tod. Alles hängt mithin davon ab, die Liebe und die Freundschaft selbst mit ihren Hoffnungen und Wünschen für einen Beweis der Wahrheit zu nehmen: das Leben des Geliebten ist unsterblich, und: wir werden uns wiedersehen.

Das Eigentliche ist unsichtbar, 58

Schatten der Ewigkeit – Mitgift des Glücks

In irgendeinem Krankenbett, in einer Klinik, in einem Altenheim, in der Mansardenwohnung eines Hochhauses stirbt eine alte Frau, ein Mann; es ist vielleicht ihr letzter Trost, im Tod nicht ganz allein zu sein; schon mögen die Augen zu müde sein, um in dem weißen Nebel aus Licht von den Menschen und Dingen ringsum doch klare Konturen erkennen zu können, und selbst was sie sagen, dringt nur wie von fern noch herüber in Worten, die aus dem Zusammenhang der Sätze herausgefallen sind und sich zu eigentümlichen Gedankenverbindungen verselbständigen; doch die älteste aller Empfindungen, die wir noch früher erlernen als Sehen und Hören, *der Tastsinn*, erfühlt noch die Nähe anderer Menschen: man nahm uns an die Hand, als wir ins Leben traten, und es bleibt ein Verlangen, gleich dem eines Kindes, die Hand eines Menschen zu spüren, wenn wir, wie man sagt, den letzten Schritt tun, den letzten Weg gehen. Die Alten Ägypter glaubten, daß in diesen Händen, die das Sterben begleiten, uns bereits die Hände der Himmelsgöttin *Nut* berührten und führten. *Ich steige hinab in die Barke der Sonne, 96*

Der Tod als ein traumgleiches Entschweben der Seele, als eine Verschmelzung mit der Göttin des sternübersäten nächtlichen Himmels Ägyptens, als Rückkehr zu jener uranfänglichen Hochzeit von Himmel und Erde, mit welcher die Welt begann, als ein Entschlafen in den zärtlichen Armen der *Nut,* die mit ihrem Munde das Leben hinwegküßt und es aus ihrem himmlischen Dasein noch einmal gebiert zu einem ihr gleichen, überirdischen, unwandelbaren Wesen – all diese schillernden Chiffren, die das Symbol der *Himmelfahrt* umspielen und umhüllen, eröffnen in sich bereits eine Zauberwelt magischer Zuversicht; sie machen Mut zu der Hoffnung eines zutiefst *mütterlichen* Welt- und Lebensgefühls, indem sie eine Poesie kindlicher Sehnsucht und Geborgenheit ausbilden und in menschheitlichen Bildern und Visionen ausgestalten. »Mutter« – »Mama« ist das erste Wort, das jedes Menschenkind, gleich in welcher Sprache, *am Anfang* seines Lebens zu lallen, zu rufen, zu sagen beginnt; es ist *am Ende* des Lebens das nämliche Wort, mit dem ein Soldat auf dem Schlachtfeld stirbt und das ein Schwerkranker murmelt in den unruhigen Stunden aus Fieber und Schmerz, zwischen Abend und Morgen.

Ich steige hinab in die Barke der Sonne, 96

D*ies* ist die wahre Verheißung der Religion, daß Gott, der uns schuf, uns von Ewigkeit her wollte und in Ewigkeit möchte, daß wir sind. Die ewige Liebe, die beschloß, uns ins Dasein zu rufen, will niemals mehr diesen Ruf zurücknehmen. In jeder Religion ist die Zuversicht enthalten. *Das Markusevangelium, Zweiter Teil, 275 f.*

Wir Menschen tragen wesensnotwendig die Sehnsucht nach Unendlichkeit in uns; wir verzehren uns aus Durst nach Unsterblichkeit; und wir müssen schon sehr weit in der Verzweiflung abgestumpft sein, um solche Gefühle gar nicht mehr zu kennen. Ja, wir müßten unsere Seele schon sehr stranguliert haben, um uns in den Kategorien des Endlichen zur Ruhe zu setzen und den seelischen Erstickungstod des Alltags beinahe wie eine Erleichterung von allen wesentlichen Fragen zu begrüßen. Nein, für jemanden, der in der Wüste verdurstet, ist der Durst ein *Beweis,* daß es Wasser geben muß, selbst wenn an dem Ort, da er lebt, weit und breit kein Wasser zu finden ist.

Das Markusevangelium, Zweiter Teil, 279

Es ist nicht allein, daß die Liebe zu einem anderen den tiefsten Grund für den Glauben an die Auferstehung bildet, sondern es zeigt sich auch umgekehrt, daß nur der Glaube an die Auferstehung zur Liebe befähigt. Die Liebe kommt um vor Angst und verzerrt sich zu einem tödlichen Fürsorgeterror, wenn es nur dieses irdische Leben gibt, ohne die Weite der Unendlichkeit. »Glaube nur« – das bedeutet, die Seele auszuspannen bis zum Horizont und sich Gott anzuvertrauen, der ewig ist.

Tiefenpsychologie und Exegese, II, 304

Man kann die Würde, die Größe, die unendliche Kraft der Freiheit eines jeden Menschen an unserer Seite nicht mehr verleugnen und nicht mehr schänden, wenn es die Ewigkeit gibt. Niemand ist dann mehr befugt, sich hinzustellen und zu sagen: meine Frau, mein Kind, mein Hund, mein Haus, mein Baum, mein Auto, mein alles. Nichts gehört im Schatten der Ewigkeit letztlich uns selber, sondern wir alle miteinander gehören einzig zu Gott... Befähigt sind wir, in dem anderen, in unserem Bruder, in unserer Schwester, einen Menschen zu sehen, der zwar im Augenblick noch auf der Erde wohnt, doch dessen Stirn bereits den Himmel berührt; in seiner Sprache weht der Atemwind des Ewigen, in seinen Augen schimmert eine Seele, die berufen ist, zu Gott zurückzukehren.

Das Markusevangelium, Zweiter Teil, 281 f.

Die Todesangst, das Vernichtungsgefühl, der ständige Ekel gegenüber der eigenen Erbärmlichkeit – nichts davon bleibt im Gegenüber eines Menschen, der unbedingt glaubt an die Öffnung der Gräber, an ein anderes Leben, an ein Jenseits der Verzweiflung.

Ich steige hinab in die Barke der Sonne, 70

Quellenverzeichnis

EUGEN DREWERMANN, »An ihren Früchten sollt ihr sie erkennen«. Antwort auf Rudolf Peschs und Gerhard Lohfinks »Tiefenpsychologie und keine Exegese« Walter Verlag, Olten/Freiburg i. Br. 1988;

ders. und INGRITT NEUHAUS, Das Eigentliche ist unsichtbar. Der Kleine Prinz tiefenpsychologisch gedeutet. Verlag Herder, Freiburg i. Br. 1984 ([11]1989);

ders., Das Markusevangelium, Erster Teil. Bilder von Erlösung. Walter Verlag, Olten/Freiburg i. Br. [4]1989 (1987);

ders., Das Markusevangelium, Zweiter Teil. Bilder von Erlösung. Walter Verlag, Olten/Freiburg i. Br. 1988;

ders., Dein Name ist wie der Geschmack des Lebens. Tiefenpsychologische Deutung der Kindheitsgeschichte nach dem Lukasevangelium. Verlag Herder, Freiburg i. Br. 1986;

ders. und INGRITT NEUHAUS, Der goldene Vogel. Grimms Märchen tiefenpsychologisch gedeutet. Walter Verlag, Olten/Freiburg i. Br. 1982;

ders., Der Trommler. Grimms Märchen tiefenpsychologisch gedeutet. Walter Verlag, Olten/Freiburg i. Br. 1987;

ders., »Ich steige hinab in die Barke der Sonne«. Alt-Ägyptische Meditationen zu Tod und Auferstehung in bezug auf Joh. 20/21. Walter Verlag, Olten/Freiburg i. B. 1989;

ders. und Ingritt Neuhaus, Schneeweißchen und Rosenrot. Grimms Märchen tiefenpsychologisch gedeutet. Walter Verlag, Olten/Freiburg i. Br. 1983;

ders., Tiefenpsychologie und Exegese, Bd. I. Die Wahrheit der Formen. Traum, Mythos, Märchen, Sage und Legende. Walter Verlag, Olten/Freiburg i. Br. [5]1988;

ders., Tiefenpsychologie und Exegese, Bd. II. Die Wahrheit der Werke und der Worte. Wunder, Visionen, Weissagungen, Apokalypse, Geschichte, Gleichnis. Walter Verlag, Olten/Freiburg i. Br. [5]1989;

ders., Kleriker. Psychogramm eines Ideals. Walter Verlag, Olten/Freiburg i. Br. 1989;

ders. und Ingritt Neuhaus, Voller Erbarmen rettet er uns. Die Tobit-Legende tiefenpsychologisch gedeutet. Verlag Herder, Freiburg i. Br. 1985;

ders., Wege in ein unentdecktes Land, in: Lebenskraft Angst. Wandlung und Befreiung, hg. von Rudolf Walter. Verlag Herder, Freiburg i. Br. 1987.